都政　徹底した告発と提案

都議20年　論戦の記録

吉田信夫　著
Nobuo Yoshida

光陽出版社

まえがき

私は、東京都議会議員を五期二十年務めました。一九九七年七月から二〇一七年の七月までです。知事は、青島幸男、石原慎太郎、猪瀬直樹、舛添要一、そして小池百合子各氏へとかわりました。この時期は、石原氏による東京の福祉破壊の攻撃、新銀行東京や同氏の四男重用のトーキョーワンダーサイトにみられる異常な都政私物化の横行、猪瀬、舛添両氏の政治とカネの問題の発覚、都民の怒りの高まりによる辞任など、激動ともいえる時期でした。さらに、高齢者介護問題の深刻化、オリンピック・パラリンピック開催準備をめぐる問題や築地市場の豊洲移転問題など、さまざまな課題への対応が都政と都議会に問われました。

私は、日本共産党都議団の一員として、また幹事長、団長として、こうした課題に取り組んできました。退任後、みずからの二十年にわたる論戦を整理してみたところ、不十分な点はあるものの、どの問題でも常に都民の立場をつらぬいて、重要な実態告発や提案を行ってきたことは確信できました。もちろん、私の論戦とはいえ、日本共産党都議団全体で準備されたものであり、日本共産党都議団の記録でもあります。

退任後、新たな課題への挑戦を始めましたが、論戦を記録として整理することは今後に生きるのではないかと考え、本書を準備しました。単なる議事録集では質問や答弁の意味が伝わりませんから、できるかぎり、論戦を自分なりに整理するようにしました。また、石原知事の都政私物化の問題だけでも、トーキョーワンダーサイト、豪華海外出張、勤務状況と公用車の私的使用など、さまざまな問題を取り上げましたが、本書では新銀行東京問題に絞るなど、読みやすく、詰め込みにならないようにしました。

本書は、最新の論戦であり、現都政の大問題である築地市場の豊洲移転問題での百条委員会をトップに構成し、以下、高齢者介護と国民健康保険料問題、オリンピック・パラリンピック、防災、都市開発、横田基地問題など、都政の課題別にまとめました。そのあと石原氏の実態を象徴する論戦を紹介し、最後に猪瀬、舛添両知事を辞任に追い込んだ調査と論戦を紹介しています。舛添知事を辞任に追い込んだのは、論戦とともに都民世論の画期的勝利であり、都政の歴史上でも重要な取り組みでした。都民のための都政への新たな出発点という思いも込めて、本書の最後に掲載しました。

なお、私の論戦だけなく、関連する同僚議員の質疑も一部紹介しています。議事録の私の質問部分は一部要約している場合があります。

吉田信夫

もくじ

1章

築地市場の豊洲移転問題 百条委員会での調査と尋問

二〇一七年二月二十二日に設置された豊洲市場移転問題に関する調査特別委員会、いわゆる百条委員会での調査と尋問は、私の五期二十年の都議会議員としての締めくくりの取り組みでした。すでに退任することになっており、「最後のご奉公」などと党都議団のなかでいわれ、私が特別委員の一員になるとともに、委員会の理事を務めることになりました。委員会は二十三名で構成され、日本共産党からは私のほかに曽根はじめ議員、かち佳代子議員が委員になりました。

当初は、最後に大変な仕事を引き受けたという思いもありましたが、百条委員会の理事を務めることができ、結果的には「議員冥利につきる」思いであり、「最後のご奉公」をさせてくれた都議団のみんなに感謝しています。

百条委員会とは、地方自治法百条に規定された特別委員会で、法的権限をもって記録の提出を求め、証人として尋問することができ、正当な理由なく拒否したり偽証をすれば罰金または禁固刑が科されるという強い調査権限をもった委員会です。

今回の委員会では、築地市場の豊洲移転がどのような経緯で進められたのか、東京ガスとの交渉や土地売買の経緯はどうだったのか、さらに建設工事における契約事務などを調査事項としており、いわゆる豊洲移転をめぐる「闇」ともいえる問題を明らかにすることができるかどうかが問われました。

1　石原元知事の責任を明確にした百条委員会調査報告書

結論的にいえば、自民党、公明党の反対で工事契約問題など重要課題の調査がされなかった問題は残しましたが、豊洲移転問題の経過とその責任を明らかにするという点では、百条委員会は重要な役割を果たしたと思います。二〇一七年六月七日の都議会本会議で議決された「豊洲市場移転問題に関する調査特別委員会調査報告書」は、調査の結果として次のように結論づけました。「都の重要課題である豊洲市場移転問題について、最高責任者として交渉の状況や結果についての報告を受け、適時適切に判断を下すべき立場にあった、石原元知事の責任は重いものであると考える」。

石原慎太郎氏は都知事時代、みずから強引に豊洲移転を推進し、そのために汚染対策費の大半を都が負担するという不適正な対応をしたにもかかわらず、自分は知らない、関与していないという責任のがれの態度をとってきました。二〇一六年十月十四日付で石原氏が小池百合子都知事に提出した回答では、次のように答えていました。移転先が「豊洲の中の東京ガスの敷地であるとまでは聞いた記憶はありません」。「豊洲という土地への移転は既定の路線のような話であり」、土壌汚染対策費が八百五十八億円となったことも、「ずいぶん高い買い物をしたと思いますが、何故そうなったのかは私に判断を求められることがなかった」。

しかし調査報告書は、委員会の調査結果としてこれを否定し、石原氏に責任があると断定したのです。また、移転先である豊洲の東京ガス工場跡地の安全性と土壌汚染対策について、「土地の取得を最優先にするあまり、土壌汚染対策はどうするのかという点が抜け落ちており、安全を軽視したものであったと言える」と結論づけました。

この報告書を受けて、本来なら築地市場の豊洲移転を中止し、議会として再検討をすべきです。また小池知事も、再調査、再検討を行うべきです。

もう一つ、百条委員会が果たした役割で重要だったことは、濱渦武生元副知事に対し偽証告発を委員会、さらに都議会として議決し、東京地検に告発状を提出したことです。濱渦氏は、いわば移転優先で東京ガスの言いなりともいえる対応をとってきた責任を逃れるために、二〇〇一年七月の「築地市場の豊洲移転に関する東京都と東京ガスとの基本合意」以降は、東京ガスとの交渉についていっさいの報告も相談もなく、知らないという証言を繰り返しました。しかし都議会は、この濱渦証言を偽証として東京地検に告発したのです。この告発も、濱渦氏にとどまらず石原氏の責任を問うものです。

2 提出記録の精査で明らかになった重大事実

百条委員会が記録の提出を求め、これを調査できることは、真相解明にきわめて重要でした。各党が記録の要求事項をあげ、東京都各局および東京ガスに対し記録の提出を求めたのです。その結果、百条委員会には段ボール箱百七十四箱もの記録が次々と届けられ、日本共産党の控室の一室は記録の山となりました。

私たちの仕事は、この百七十四箱のなかの膨大な記録の精査から始まりました。主に私と都議団事務局の秋田裕道さん、佐藤直樹さんで、夜を徹して記録と格闘しましたが、記録によって、まったく知らなかったことが次々に明らかになりました。なお、記録について東京ガスから秘密保持が要請されたので、委員会発言ですでに公表したなかから、重要と思う問題を紹介します。

石原知事は豊洲移転を主導していた

その一つは、築地市場の豊洲移転は、石原知事がみずから動き、東京ガスともいち早く話をしていたことです。石原知事は一九九九年四月に就任しますが、同年八月十三日、市場問題の報告を受けた際に、ローリング（築地での再整備）なんかやっていられない、移転しかないとの発言を行い、そして築地市場には視察に行くと発言していました。これが、「Gブリ概要」（知事ブリーフィング＝以下、Gブリと略）という都から提出された資料に記録されていたのです。

さらに驚いたことに、福永正通副知事が都を代表して東京ガスを正式訪問する前に、知事が上原英治東京ガス社長と面会していたことも記録がありました。しかも上原社長から、移転について正式に聞いていない旨の発言を受け、知事が大矢實市場長に東京ガスへ行くよう指示したことも記録でわかりました。

移転先が工場跡地で汚染があるとは聞いていないという石原発言の虚偽が明らかに

前述したように、石原氏は小池都知事への回答で移転先について、「豊洲の中の東京ガスの敷地であるとまでは聞いた記憶はありません」とし、汚染があるガス工場跡地を選んだ理由についての質問にも、「前記のとおりであり、したがって、ご質問のような話は聞いておりません」と回答していました。

しかし東京都の資料のなかに、一九九九年十一月十七日、石原氏に移転予定地・豊洲地区の深刻な土壌汚染の説明を行っていたことを示す記録があったのです。この文書も「Gブリ、情報管理は厳重に」と記載され、操業に伴う汚染のほか、地下三メートル付近を中心に環境基準を超えるヒ素、鉛等が存在することが判明したと報告しているのです。しかも、証人尋問で石原氏が、都の市場長に汚染は大丈夫かと質問していたことも確認できました。移転先が東京ガスの工場跡地で汚染があるとは「聞いていなかった」などという石原氏の回答は、まったくの偽りだったのです。

東京ガスの汚染対策費負担七十八億円は石原氏に報告されていた

土壌汚染対策費のうち、東京ガスの負担がわずか七十八億円だったことについて石原氏は、「私に判断を求められることはなかった」と小池知事に回答しました。しかし東京都から提出された資料のなかに、二〇一一年三月二十二日付で、契約にあたってその契約内容を知事に説明した資料があり、そのなかではっきりと東京ガスの負担は七十八億円と書かれていたのです。このことは、岡田至元市場長への尋問でも確認されました。

東京ガスとの隠されていた「確認書」の存在が明らかに

記録を精査するなかできわめて重大な発見がありました。それは、東京都と東京ガスとの二〇〇一年二月の「覚書」、同年七月の「基本合意」と一体に、東京ガスへの優遇策をひそかに約束した文書、「確認」および「確認書」の存在が明らかになったことです。七月の「基本合意」と一体の「確認書」では、防潮護岸整備費負担を東京ガスに求めないなど、総額四百八十六億円も東京ガスの負担軽減を約束していました。また土壌汚染の処理対策は、東京ガスによる不十分な処理計画を認め、その完了を確認した後に土地の譲渡を行うと明記してありました。

協議記録で「確認書」が重大な影を落としたことが浮き彫りに

さらに提出された記録の中に、都と東京ガスとの協議記録がありました。この協議記録によって、東京ガスは、秘密の「確認書」での合意をもち出し、これを認めないなら土地の売買について「白紙に戻す」と言い、文書を知らなかった都の担当者が対応に困るなどの協議経過がわかりました。このように秘密の「確認書」は、その後の交渉に重大な影を落とすのです。

自民党都連幹部が介在した記録も

さらに紹介しておかなければならないことは、記録のなかに、都議で自民党東京都連幹事長だった内田茂氏が登場することです。内田氏が、汚染対策費の負担をめぐって東京ガスにある打診をしていたことがわかりました。自民党の幹部が、豊洲移転推進のためにそうした動きをしていたことが記録で確認されたことは重要です。

また、記録を通じて、濱渦氏が東京ガスとの交渉や合意に深くかかわっていたことも明らかになり、「基本合意」以降、報告はなかったという証言がいかに虚偽であるかを示す記録が複数確認できました。この点は、濱渦氏への尋問報告（22ページ参照）のなかで紹介します。

3 徹底して事実確認を迫った尋問

百条委員会では、三月から四月にかけての五日間、二十四人を証人として喚問し、合計二十三時間の尋問をしました。私は、福永正通元副知事、大矢實元市場長、東京ガス関係者、濱渦武生元副知事、そして前川燿男《あきお》元知事本局長に対する尋問を行いました。曽根都議は、岡田至氏など元市場長、そして石原元都知事、かち都議は土地鑑定評価にかかわった方への尋問を行いました。

私は百条委員会の尋問は初めてでしたが、留意したのは、政策論戦ではなく事実をいかに明らかにするかでした。もちろん、それぞれの尋問は政治的にきわめて重要であり、何日か泊まり込みで準備し、都議団として集団的に検討して進めました。

大矢元市場長――汚染対策より売ってもらうことが「最大戦略」だった

最初の尋問は三月十一日で、私は大矢實元市場長を尋問しました。大矢氏は、豊洲東京ガス工場跡地への移転を決定したときの都の市場長、つまり責任者でした。尋問の一番の目標は、土壌汚染について、市場長と知事がどのように認識していたのか、市場の移転先として問題ないという判断をどのような調査・検討を経て下したのかを明らかにすることでした。

まず、移転先が東京ガス工場跡地とは知らなかったという石原発言について尋問しました。

吉田委員　昨年十月に小池知事の側から出された質問状に対して、石原元知事は、このように語っています。豊洲の中の東京ガスの敷地であるとまでは聞いていた記憶はありませんと、…石原元知事は、豊洲移転を判断する際に、予定地が東京ガスの工場跡地だったという認識は本当になかったのでしょうか。

大矢証人　今、委員のおっしゃったのは、初めて聞きましたけど、信じられませんね。

このように大矢氏は、石原発言を事実上否定しました。さらに私は、大矢氏も参加した一九九九年十一月十一日の都と東京ガスとの協議記録のなかに、東京ガスが「ここだけの話ですけど」といって土壌汚染問題があることを明らかにしたことを紹介し、大矢氏の認識について尋問しました。

吉田委員　そういう認識を、大矢さん、当然お持ちだったと思うのですが、いかがですか。

大矢証人　…十一月のそのときだったかもわかりません。それで正式に、それがそういう現状であるということを認知をいたしました。

さらに、深刻な汚染を知りながら、対策をとれば大丈夫という部下からの報告があったという大矢氏の説明についても尋問しました。

吉田委員　その報告をされた方の、差し支えなければどなただったのか、そして、専門家から聞いたと言われましたが、その専門家というのはどのような方だったのか、どのような根拠をもって対策をとれば大丈夫だというふうに言われたのか。

大矢証人　市場内の幹部会の話ですから、誰に指示して、どういうふうな専門家から聞いたっていう、そういう追及はしませんでしたね。当時は、とにかく先ほど来から申し上げているように、東ガスが売ってくれるかどうかが最大の戦略目標でして、汚染対策については大丈夫──まあそれが安易な判断だといわれればそれまでかもわかりませんけれども…。

私は大矢氏への尋問にあたって、市場内の幹部会なる場に同席した人物に電話で状況を教えていただきました。その方によると、報告はきわめて簡単な説明で、専門家が誰であったか、ほとんど話さなかったという話でした。まさに尋問を通じて、大矢氏が認めたように「東ガスが売ってくれるかどうかが最大の戦略目標」で、土壌汚染対策は真剣な検討はされず「安易な判断」だったことが浮き彫りになりました。

なお、このときの尋問で大矢氏は、東京ガスから報告された汚染問題について石原氏に報告していないかのような発言をしました。しかし、一九九九年十一月十七日付の提出記録のなかに、「豊洲地区の土壌汚染について」という表題で、知事に汚染について説明した記録資料がありました。また私は、当時の関係幹部だった人物に面会し、環境局とともに豊洲のガス工場跡地の汚染状況を知事に直接説明したという証言も得ました。

東京ガス関係証人——移転承諾のうえで土壌汚染問題は大きな課題だった

三月十一日の百条委員会で私は、大矢氏への尋問に続いて、東京ガス関係者への証人尋問を行いました。証人のなかに、都との協議に参加していた丸山隆司氏らがいました。私は、協議記録で「二者間合意」といわれる「基本合意にあたっての確認書」という文書を確認するとともに、この「確認書」が東京ガスにとって、移転を受け入れるうえでどういう意味があったのかを明らかにしたいと考えました。

私はまず、都との協議で東京ガス側が「二者間合意」といっている文書が、「基本合意にあたっての確認書」を指すのか、それまでの尋問者が誰も確認していなかったので、その確認から入りました。

吉田委員　…丸山さんが二者間文書について指摘していますから、これですねということを確認したいんですが、一応念のために確認。ここ、置きます。

〔吉田委員、資料を証言席に置く〕

丸山証人　はい、間違いございません。この文書は、その確認、先ほど来ご説明している確認書でございます。

さらに私は、二〇〇三年五月二十九日の都との協議で、東京ガスが、二者間合意で土壌汚染処理対策はいまの計画でよい旨確認している、だからこそ売買に応じたのだと発言していることを紹介。

吉田委員 …そこはなぜなのかということの説明、丸山さんにお願いしたい。

丸山証人 二者間合意で市場の移転を当社として承諾するという中で、土壌汚染の問題というのは非常に大きな課題だというふうに認識しておりました。二者間合意に至る協議の中で、汚染のレベルについては、今、その前に私どもでご提出した計画通りで問題ないということを確認させていただきましたので、その確認書の中にその記述を書かせていただきました。

吉田委員 …要するに、土壌汚染処理費用が高くなる、そのことが売買に応じるか応じないかの分岐点だったのか否か、具体的に説明を。

丸山証人 それも一つの要因だったと思いますけども、ほかにもいろいろ、換地がどうなるかとか、いろんな要素がありますので、そういう全体の中の一つというふうに認識しております。

以上の尋問によって、東京ガスにとって、移転を承諾する、すなわち土地の売買に応じるうえで、「確認書」で東京ガス側の汚染処理計画を都に認めさせることが前提だったことが浮き彫りになりました。

濱渦元副知事——記録を示し報告も相談もなかったという虚偽を覆す

三月十九日の百条委員会では、濱渦武生元副知事への尋問に立ちました。濱渦氏は責任追及から逃れるために、東京ガスへの優遇策を盛り込んだ「確認書」は知らない、「基本合意」以降は豊洲問題について報告も相談もないと主張していました。これを覆すことが尋問の最大の課題でした。私はまず、本当に報告もなく知らなかったのかの確認から入りました。

吉田委員　…（豊洲問題へのかかわりは：筆者注）基本合意までであって、それ以降、土壌汚染処理についての協議がどうであるかは、自分は全くわからないという発言をしましたが、念のために、事実でしょうか、確認をもう一度。

濱渦証人　基本合意をしまして、その後のことについては、土壌汚染に限らずその他のことも、豊洲開発に関しては、一切私は相談にもあずかっておりません。

吉田委員　…二〇〇三年ですけれども、副知事であることは明確ですが、やりとりの報告は受けていないんですか。

濱渦証人　東京都のひどい話ですが、報告、受けておりません。

そこで私は、明らかに偽証だと立証できる記録を示しました。

吉田委員　…これは、平成十五年、二〇〇三年ですね、五月二十二日付で、濱渦副知事様ということになっています。この文書の表題は、豊洲地区土壌汚染対策についてと書いていました。…移転にかかわる部署の三人の部長さんが連名で、あなた宛てに豊洲地区汚染土壌の対策についてという文書が出ているんです。…いわば証人にお伺いを立てるという意味のこの文書だと思うんですが、改めて、そうい

百条委員会で濱渦氏に文書を示す吉田
(2017年3月19日)。

う文書を受け取ったという記憶はないんですか。

濱渦証人　ありません。そもそも、担当部長が連名で来るなんてことはあり得ません。

文書を受け取っていないと言い張る濱渦氏に、私は直接文書を示してただしましたが、氏は記憶にないと逃げ続けました。しかし文書には、「本年三月にご報告させていただいた際、操業由来の汚染は東京ガスに処理させるとのご指示を受けております」と書かれており、私は「基本合意」以降に濱渦氏が対応について指示をしていたことは明白だと迫りました。そして、「基本合意以降はまったくわかりません、かかわっていませんという証言自体、偽りの可能性がある」と厳しく指摘しました。

その後の四月四日の前川燿男元知事本局長への尋問で、私は、石原氏が豊洲担当から濱渦氏を外したことがあったのか、また局長を越えて部長とやりとりしたことがなかったのかただしました。前川氏の証言によって濱渦氏の偽証はより明確になりました。その部分を紹介します。

吉田委員　濱渦元副知事は、この件（豊洲問題：筆者注）について相談から除外し、あるいは報告をする対象から外すというふうな決定なり、あるいは石原知事からの指示というものは、現実にあったのかどうかということをまずお答えください。

前川証人　知事の指示であれ、あるいはほかの形であれ、濱渦さんを市場担当から外すという意思決定は一切行われていないと思います。

吉田委員　前川証人の先ほどの証言からしますと、局長の確認手続きを経ることなく、あるいは局長経由でなく部長からこういう文書が行ったということはあり得たというふうに理解できるんですが、事実関係をお答えください。

前川証人　…組織上は、知事がいて、副知事がいて、局長がいて、部長がいて、課長がいる。その順番をへるのは当然でありますけれども、当時の実態としては、濱渦さんが自分の所管の局であれ、あるいはほかの副知事の所管の局であれ、実際に上司を飛ばして部課長を直接指揮していたことがあったのは、紛れもない事実であります。

さらに濱渦尋問後になりましたが、濱渦氏が豊洲移転問題の報告を受けていた新たな記録を私たちは発見しました。記録は二〇〇三年二月十日付で、「取扱注意」と書かれた「豊洲新市場関係濱渦副知事ブリーフィング状況」と題する文書でした。同日午後、濱渦氏に新市場建設状況と新市場の基本構想の検討状況を報告したもので、濱渦氏が「わかりました」と発言したことまで記録されていました。こうした記録の発見は、その後の偽証告発の有力な根拠となりました。

前川元知事本局長――自民党都連幹部介在の真相をただす

四月四日の百条委員会における前川元知事本局長への尋問では、濱渦問題とともに、どうしても確認しなければならないことがありました。前川氏は都庁を退職後、東京ガスの執行役員を務めましたが、その東京ガスから提出された記録のなかに、豊洲移転問題で同氏が東京都幹部とともに自民党都連幹部と接触していた記録があったのです。

私はまず、その記録を前川証人に渡したうえで尋問を行いました。

吉田委員　今お渡しした文書は、東京ガスから出たものですけれども、記録の作成者について、百条委員会として問い合わせを行いました。その結果、今お手元にある記録は、東京ガス豊洲開発株式会社柳澤社長が作成した記録であるということになっています。

書かれているとおり、この文書では、まず、平成二十（二〇〇八：筆者注）年七月十六日、都、吉川局長と書かれていて、四項目にわたって、吉川氏が語ったと思われる内容が列記されています。次に内田幹事長ほかと書かれ、四項目にわたって、やはり内田氏が語ったと思われる内容が列記されています。

内田氏の部分を紹介しますが、一、十月末決着したい（費用負担含め）、二、TG、すなわち東京ガスが自発的に負担する旨、事前に言ってほしい。

それに対して、矢印、これは前川氏が言ったと思われますけれども、全体像が見えないなかではできない等々が書かれています。…これは、その両氏に前川証人が面談した結果について報告した中身を、この柳澤さんがメモとしてまとめたものだと思いますけれども、改めてご答弁ください。

前川証人　今拝見した資料は、これは当然かもしれませんが、私は初めて目にすることで、目にした資料であります。お話のこの趣旨でありますが、この資料の性格が一体どういうものなのか、私がいったことを本当にそのまましきちんと書いたものなのか、それともどういう意図で使われたものなのか、それは私は、申し訳ありませんが理解できませんし、まったくそういう意味では記憶しておりません。

ただ、当時、東京都の事情について、例えば東京ガスから頼まれて集めてくれとか、そういったことはもちろんありませんし、私が集め回ったこともない。ただ、たまたま何かの機会に、何かの会合であるとか何かの折に接触した相手と話をしていて、そういった情報を手にして、事実関係について伝えたことはあったんだろうと思います。ただ、お話のメモについては、申しわけありませんが、どういった場面でどういう内容だったかは全く覚えておりません。

吉田委員　それでは、もう一つ、実は資料がありますので、紹介をしたいと思います。私は今、証人がたまたまというような含みの発言がありましたけれども、けっしてそういうことではないのではないかということです。

これは、同じく東京ガスから提出された記録ですけれども、記録の表題は、費用負担、星野常務打ち合わせ議事録。日時、八月十一日。したがって、先ほどの七月末の日付からすると、その後というふうに思われますが、文書の右端には平成二十年というふうになっています。場所は星野常務室。出席者、星野常務、前川ＣＤ、柳澤社長（ＴＤ）、そして野村部長などの名前があります。

さらに、次に内容という欄がありまして、内容では、一、資料説明（丸山）、その後、補足説明（前川）と。これは前川さんだと当然思われます。その中で、どのようなことが書いてあるかと言えば、読み上げます。内田自民党都連（幹事長：筆者注）から、対策発表前に、ＴＧから費用負担について発表できないか打診あり、自発的に発表することは可だが、全体の対策費用の額など、事前協議が必要と回答したとあります。

そうすると、明らかに、記憶にないといわれますけれども、その記憶にないといわれたメモが書かれた内容と同じことを、その後の八月十一日の会議で、わざわざ補足説明として前川さんが星野常務に対して、内田自民都連発言を紹介しているんですよ。

まず、これについてはどうですか。この会議のやりとりについては。

前川証人　…先ほどから申し上げておりますように、私が何らかの事実関係を伝えたことはあったかもしれないということは、それは否定できないと思っております。ただ、その具体的内容についてとか、その場面については、それは記憶しておりません。

吉田委員　伝えたかもしれないというふうに言われましたけれども、明確に記録に書かれているんですよ。これは、しかも百条委員会の要求に対して東京ガスが提出した記録なんですよ。単なるどこから出てきたという資料のものじゃないんです。

そこで、明らかに、内田自民党都連から、対策発表前に、TGから費用負担について発表できないか打診ありなんですよ。打診ありということは、先方からそういう相談があったというふうに思われます。改めてこうした点について、内田氏から打診、相談、連絡があったんじゃないですか。

前川証人　先ほどの日付は、たしか二十年となっていたでしょうか、平成。最終的な協定の三年も前でありますが、そのときにたまたまそういったことを話したのか話していないのか、申し訳ありませんが、私はまったく記憶をしておりません。

吉田委員　…注目すべきは、先ほどメモをお渡しいたしましたが、実は、内田氏の発言メモの前にある、当時の知事本局長だと思いますが、吉川局長の発言がありますね。…タール等の除去について、東京ガスから自主的に負担するといってくれないかということを言われたというメモなんですよ。これについて、ご記憶ありませんか。

前川証人　そういったことがあったかどうか、吉川と会ったこと自体が、私は、申しわけありませんが、覚えておりません。

このように前川氏は「記憶にない」を繰り返すだけでした。しかも東京ガスの役員から情報をとるよう要請はなかった旨の発言をしたので、私は、記録のなかに星野常務が「前川執行役員に最近の都の状況を聞いて、社長説明の資料内容、タイミングを考えてほしい」と発言していることも示しましたが、「記憶しておりません」を繰り返しました。私は、「たとえ記憶にないといっても、記録には残っている」と厳しく指摘しました。

私たちがこの記録にこだわったのは、豊洲移転問題で自民党幹部がどのように動いたのかを示す貴重な記録だったからです。しかも、都の局長と同じ内容の打診を内田都連幹事長が行っていたということも注目されます。内田氏が誰の要請を受けてこうした打診をしたのかも解明が求められました。私は、尋問の最後に、委員長に内田氏の証人喚問を要請しましたが、残念ながら実現できませんでした。

重要な事実を明らかにした曽根、かち両都議の尋問

曽根はじめ都議の尋問も石原元知事の責任に関して重要な事実を明らかにしました。まず、三月十八日の岡田至元市場長への尋問で、汚染対策費の東京ガス負担が総額五百八十六億円（当時）のうちわずか七十八億円（当初は八十億円）、瑕疵《かし》担保責任を東京ガスに求めないことを石原氏が知っていた事実を明らかにしたことです。

曽根都議が、二〇〇九年二月に東京ガスに汚染対策費の追加負担を申し入れた後、知事に東京ガスの負担額を説明したことを、改めて確認したいとの質問に、証人は次のように答えたのです。

岡田証人　私が着任してすぐ、早い段階でですね、知事に負担の考え方、それからその考え

方に基づいたときの試算、八十億円だったと思いますけれども、それについてご説明したという記憶がございます。

さらに曽根都議は、いわゆる瑕疵担保責任の放棄についても、契約前に「副知事または知事に説明されたんですね」と質問。岡田氏はこれを否定しませんでした。

岡田証人　…知事のところについては定かではありませんけれども、したんだろうというふうに思っていると。したのかどうかというところにつきましても、ちょっと定かではございませんけれども、そういう形でご了解をいただいたのかなというふうに思ってございます。

つづいて、三月二十日の百条委員会における石原元知事への尋問は、持ち時間がわずか九分という制約はありましたが、氏の責任を正面からただす尋問となりました。

曽根委員　…石原証人、知事として、この東京ガスの七十八億円の負担について判断を求められなかったんでしょうか。

石原証人　…私は、担当者に一任する以外ありませんでしたし、詳細のことについては記憶はございません。

曽根委員　…東京ガスに約八十億円の負担を求めるということは、市場の考え方として知事に説明し、了解を得たと証言しています。偽証は許されない場での証言です。これが本当の事実ではありませんか。

石原氏が審議会云々と別の話にそらしたので、再度曽根都議は迫りました。

曽根委員　…この土地売買契約についても、石原証人は、知事として事前に報告を受けていたと思いますが、イエスかノーでお答えください。

石原証人　受けている、受けていないか、覚えておりません。私は、事は全てその担当に一任しておりましたから。

曽根委員　…岡田市場長からは、三月二十二日、契約の九日前に、このようにブリーフィングで知事に内容を説明する、知事への説明を行っているということをご本人も証言していますし、ここに百条委員会に出された資料もあります。これでも記憶にないとおっしゃるんですか。

石原証人　ですから何なんですか。

曽根都議は、「これほど重要な問題を、知事だった石原証人が覚えていないということ自体が私は到底信じられません」と厳しく指摘し、次に安全対策について尋問しました。

曽根委員　…あなたが都民に約束したのは、地上も地下水も環境基準以下にするということだったのではありませんか。あなたの約束と、今おっしゃっている豊洲移転を急げというのは、矛盾がありませんか。

石原証人　私は、地下水について非常に厳しい基準を設置したことは間違いありません。しかし、ハードルが高過ぎたかもしれません。

そのあと石原氏は、「地下水にいろんな問題はあるかもしれませんけど、こんなもの、今の技術をもって、ろ過してポンプアウトしたらいいんじゃないんですか」と居直りました。しかし、地上も地下水も環境基準以下が都民への公約だったことを認めたことは重要でした。

また、かち佳代子都議は、三月十八日の百条委員会で、土地価格の審査にかかわった関係者に尋問し、東京ガス提出の記録から発見した重大問題を取り上げました。東京都は公有財産を取得する場合、取得価格について東京都財産価格審議会にかけて決めることになっています。土地価格については、専門の事業者に鑑定を委託します。豊洲の場合もそうでした。ところが、東京ガスから提出された記録でわかったことは、都の新市場整備部は、鑑定途中の金額を鑑定を委託した事業者から聞き、それを東京ガスに知らせていたのです。

かち都議は、ここにメールがありますと言って、その内容を紹介。メールには「本日、新市場整備部より、先方の現段階の概算評価額を口頭で聞きました」と書かれ、区画ごとの評価額が記されていたのです。しかも、評価額はその後の財産価格審議会の評定とぴったり一致していると指摘。不動産鑑定士の川藤等氏、近藤克哉氏に次のように尋問しました。

かち委員　東京ガス側は、できるだけ早く売りたい相手であり、都民が不利益をこうむらないように、適正な価格で買わなければならない市場当局が、売り主の意向に応えて情報を漏らしている。こうした事実について、はじめてお知りになったかと思いますけれども、どのように思われるんでしょうか。

川藤証人　…東京都のご担当の方から、概算でいいから、都に数字が欲しいというようなお話がございましたので、まだ確定的ではなかったのですが、若干の修正はあるかもしれませんよといいつつもお話しております。…ただ、それがどこにいっているのかというのはちょっと承知しておりません。

近藤証人　私も、数字を東京都の担当の方にお出ししたということは覚えておりますが、そこからどこに数字がいったのかというところまでは承知しておりません。以上です。

かち委員　…東京都からの依頼だから東京都にお答えしたということは重々わかりますよね。だけれども、そこから売り主にそういうことを漏らしてしまうということは、これはちょっと、ただならぬことだ。守秘義務を逸脱している…。

意見開陳で、調査できなかった問題について述べる

二〇一七年五月二十四日、百条委員会の調査終結にあたって、各党が意見開陳を行いました。日本共産党都議団を代表しては、私が行いました。意見開陳のなかで、工事契約に関して調査・尋問が行えなかった百条委員会の運営について意見を述べた部分を紹介します。

吉田委員　…最後に、本委員会は、本会議で全会一致で可決された豊洲市場移転問題に関する調査特別委員会設置要綱に基づいて調査を行うことが義務づけられています。この要綱が定めた調査事項のうち、不十分ながらも調査が行われたのは主に(1)移転に関する経過、(2)交渉、土地売買に関する経過です。(3)土壌汚染対策は部分的にしか尋問されず、(4)豊洲市場建設工事における契約事務に関しては、調査も尋問も全くされていません。

豊洲移転問題の闇ともいえる問題の一つが、三街区の施設建設工事がどれも一者入札で落札率九九・八七%、談合の疑惑が濃厚でした。しかも、当初の入札には、いずれの共同企業体もいわば拒否し、そのために、都はゼネコンから要望を聞き、わずか一カ月後に予定価格を六割も引き上げ、二回目の公募をしました。そうしたやり方が、建設費が約一千億円から二千七百億円に急増した原因です。しかも、談合情報が寄せられながら、都はこれを無視しました。

また、共同企業体参加企業の中には、自民党幹部が監査役を務める企業もあり、受注企業と政治家との関係の解明も求められました。にもかかわらず、工事契約について調査も尋問もしない結果となったことは、百条委員会にとどまらず、都議会自体が都民から厳しく問われるものです。

わが党は、理事会等の中で、あくまでも調査項目によって調査を行うこと、とりわけ工事契約をめぐる真相解明のために、受注したゼネコンなどの証人尋問を行うこと、証人尋問は継続することを提案しました。

しかし、自民党委員長は、理事会で証人尋問の打ち切りを提案しました。わが党だけでなく、東京改革、都民ファースト、生活者ネットの皆さんも尋問継続を求めました。公明党は打ち切りに反対を表明しませんでした。この結果、尋問は打ち切られてしまいました。工事契約などの重要な調査を残しながら、尋問打ち切りを推進した自民党の責任は重大です。また、打ち切りに反対しなかった党の責任も問われます。こうした対応と結果は、都民の批判を免れないものです。

わが党は、都民の期待に応え、都議会としての責任を果たすために、引き続き独自の調査を進めるとともに、都議選後の新たな議会のもとで引き続き百条委員会を継続して設置し、調査課題の全面解明を行うことを提案するものです。

最後に、まだ全面解明には至っていませんが、これまでの本委員会の調査、尋問によって、築地市場の東京ガス豊洲工場跡地への移転がいかに重大な問題があるかが明確になりました。またこの間、都民を欺いて進めてきたことも浮き彫りになりました。

よって、東京ガス豊洲工場跡地への築地市場の移転は速やかに中止し、築地での再整備に向け、英知を尽くすべきことを述べ、意見開陳を終わります。

4 濱渦元副知事らを偽証告発へ

五月三十一日の百条委員会において、濱渦武生元副知事および赤星経昭元政策報道室理事を偽証告発する動議を日本共産党を含む五会派が共同提案。自民党は反対しましたが、賛成多数で可決されました。

偽証告発の要件は、単に証言が事実に反しているか否かではなく、みずからの認識に反することを証言したか否かです。告発にあたっては、それを裏づける根拠を用意しなければなりません。濱渦元副知事の場合、「基本合意」以降に報告も相談もなかったことを覆す記録が、私たちが発見した複数の文書にあり、記憶がない、勘違いなど成り立ちません。さらに、濱渦氏は尋問後の四月十日の記者会見で、職務上、市場が私に説明に来るということはあると発言。指示に関しても、聞かれれば答えるとも発言しているのです。偽証が、東京ガスに譲歩に譲歩を重ねた自らの責任を回避する動機があることは明らかでした。

偽証告発は、六月七日の第二回定例会最終本会議で賛成多数で可決。七月二十日、告発状を東京地検に提出しました。その後、東京地検は告発状を受理したと報道されています。

濱渦元副知事の偽証告発への意見表明

五月三十一日の百条委員会では、濱渦元副知事に対する偽証告発動議について、提出会派を代表して日本共産党都議団のかち都議が意見を表明しました。


かち委員　それでは、元東京都副知事濱渦武生氏が虚偽の陳述をしたものと認め、本会議において告発の議決を求める動議に対し、提出会派を代表して意見を表明いたします。

第一に、濱渦証人が、平成十三年（二〇〇一年：筆者注）七月六日の東京ガスとの基本合意以降も、豊洲移転に関与し報告を受けていたことは、東京都や東京ガスからの複数の記録によって明確です。自民党が意見開陳で、根拠薄弱などと主張しましたが、記録は五件以上に及ぶもので、十分な証拠となるものです。

さらに、メモでは、根拠不十分など強弁しましたが、偽証告発の根拠とした記録は、私的なメモではなく、重要な記録として、都や東京ガスによって保管されてきた文書であり、濱渦氏の偽証を立証するものです。

第二に、記録の存在とともに前川証人など当事者の陳述は、濱渦氏の陳述が偽証であることを裏づけるものです。前川氏は、濱渦氏が基本合意以降、豊洲移転問題から外れたことはないと断言し、かつ濱渦氏が、担当局を越え、また局長を越えて、直接部課長を指揮したと陳述しました。

逆に、濱渦氏は、基本合意以降、石原氏の指示で豊洲問題から外されたと陳述しましたが、客観的にそれを示す記録は全くありませんでした。

第三に、確認書でいえば、それが基本合意と一体のものであると野村証人は陳述しており、実際に記録では、東京ガスの負担軽減一覧は、東京ガス案では基本合意本体にあったものが、都の提案で確認書に移行された経過が確認できます。

東京ガス側の証人は、確認書があったからこそ売却に応じたと陳述しており、自分の役割は用地の取得までだから、確認書は関与していないという濱渦氏のいいわけは成り立ちません。

第四に、自民党は偽証告発の要件として、陳述が事実に反するか否かだけでなく、本人が記憶に反することを陳述したかだと強調しました。しかし、冒頭紹介した複数の記録の存在は、勘違いや記憶違いなどといえるものではありません。

しかも、濱渦氏は証人尋問後の（二〇一七年：筆者注）四月十日の記者会見で、職務上、市場が私に説明に来るということはあると発言。また、指示に関しても、聞かれれば答えるとも発言しました。これは、本委員会で陳述した相談も報告も一切ないという認識とは違う認識を持っていたことを示すものです。

第五に、自民党は、虚偽をする動機すら見当たらないと主張しましたが、記録と陳述全体を素直にそのまま見れば、濱渦氏の動機は明瞭です。すなわち、汚染対策でも費用負担でも、東京ガスから土地売却の了承を引き出すために、譲歩に譲歩を重ね、結果的に四万三千倍のベンゼンが検出されながら、汚染処理費の東京ガス負担はわずか七十八億円で、かつ瑕疵担保責任を免責するという結果となった責任追及を免れるためです。

以上述べたとおり、濱渦氏の陳述の偽証は明白です。根拠も十分です。したがって、偽証を認定するとともに、告発することは、地方自治法で定められた本委員会の責務です。

最後に、告発提案に対し、自民党は、まともに反論できず、パフォーマンス、ためにする告発などと発言しましたが、これは誹謗中傷以外の何ものでもありません。こうした卑劣な言動で、濱渦氏の偽証と責任を擁護しようとする自民党の態度は、余りにも見苦しいものです。都民の厳しい批判は避けられないことを指摘し、意見表明を終わります。

以上紹介したように、百条委員会は、自民党などの妨害による調査の不十分さはありましたが、都政の「闇」の一部を明らかにし、その責任を問うものになったと思います。とくに濱渦元副知事を偽証告発し、東京地検がこれを受理したことは、画期的なことだと思います。にもかかわらず、小池現知事が都民への公約を裏切り、石原元知事と自民党などがごり押しした豊洲東京ガス跡地への築地市場移転をすすめようとすることは許されません。

なお、百条委員会の運営にあたり、証人の出席や記録の収受、委員会運営など、東京都議会局のみなさんが大変努力されたことを記しておきます。

2章

深刻な高齢者介護、国保の実態を告発、打開を迫る

一九九七年に都議会議員になって、私に割り振られた委員会は、福祉、医療などを所管する厚生委員会でした。この時期、東京都は、民間福祉施設職員の処遇向上のための補助制度である公私格差是正事業の廃止や、シルバーパスや老人医療費助成など給付的事業を軒並み廃止・縮小しようとしていました。さらに九九年に都知事に就任した石原慎太郎氏は、「何が贅沢かといえばまず福祉」と公言し、福祉施策の徹底した切り捨てを進めようとしていました。私は、福祉分野について知識も経験もありませんでしたが、先輩議員や事務局で福祉分野が担当だった中井健二さん（現・日本共産党都議団事務局長）に援助していただき、必死の思いで取り組みました。大変貴重な経験を積むことができたと感謝しています。

予算特別委員会でも、私は、大規模開発優先を批判するとともに、常に都民の暮らしや福祉をめぐる深刻な実態を示し、暮らし、福祉にこそ光を当てるべきことを主張してきました。福祉の問題では、公私格差是正事業、重度心身障害者施策、慢性肝炎患者への医療費助成、介護施設の整備、そして国民健康保険などを取り上げてきました。そのなかでも、私が強く印象に残る質問を紹介します。

1 無届け有料老人ホームの実態を告発

二〇〇九年の予算特別委員会（三月二十四日）で私は、都内の無届け有料老人ホームの実態と対策について質問しました。三月十九日、群馬県渋川市の高齢者施設の火災で入所者十人が亡くなるという痛ましい事件がきっかけでした。この施設には東京都墨田区で生活保護を受けていた高齢者十五人が入所していて、そのうちの七人が亡くなりました。

この事件は、東京では低所得高齢者が入所できる施設が少なく、都外の劣悪な施設に頼らざるをえないという問題を示すものでした。日本共産党都議団は、緊急に二十三区に絞って生活保護を受けている高齢者で都外の住宅型有料老人ホームなどの入所者について調査を行いました。二十一区から回答が寄せられ、都外施設百十一カ所に五百十五人の方が入所していました。多かったのは江戸川区百九名、大田区五十六名、葛飾区五十名。墨田区だけでなく、少なくない区が都外施設に依存せざるをえない状況が確認できました。

私たちの調査の結果、劣悪な施設運営は、渋川だけの問題ではないことも浮き彫りになりました。大田区から千葉県の施設に入った男性は、八畳の部屋に男女三人が入れられ、入浴介助のサービスも受けられず、外部と連絡もとれず、まるで姥捨て山だったと訴えていました。港区の紹介で埼玉県の施設に入った女性が、あまりのひどさに施設から逃げ出したという話も聞きました。

さらに私たちが着目したのは、都内における無届け施設の実態です。ケアマネージャーからの情報で知った世田谷区内の無届け有料老人ホームを調査で訪問しましたが、驚くべき状況でした。予算特別委員会は、この実態を明らかにすることから始めました。

吉田委員　私自身、先日、世田谷区内にある施設を調査いたしました。マンションの旧個人宅を使ったもので、九人の方が入っていました。例えば、一つの部屋を四つに仕切って、ベニヤでそれも天井までではなく途中までなんです。一人当たりの部屋がどれだけかというと、ベッドのあと残りは一畳あるかないかです。しかも四人分に仕切っていますけれど、照明は、その部屋一つ電灯があるだけです。廊下側（窓側でない）の方は電灯がついていても暗くて本も読めないという驚くべき事態を直接見て、入っている方から話を聞きました。家賃はいくらだと思いますか。月額六万円ですよ。食事を含めて合わせて月額十四万円です。

また、大田区のケアマネージャーから次のような話を聞きました。同じように四ＬＤＫのマンションの一室をベニヤで仕切って十人程度が入所しています。この施設では住宅提供もケアプランもヘルパー派遣も訪問看護もすべて同じグループによって行われております。しかもヘルパーは一回でまとめてサービスを何人にも提供することができる。この施設の場合、食費と家賃で月額十五万円です。それも、さらに介護事業も同じグループが行っておりますから、一人当たり総事業費でいえば確実に毎月四十万から四十五万の事業を関係グループで展開をすることができる事態なんです。もちろんこれは氷山の一角だと思います。

それで、改めて、今度は知事、ぜひ答えていただきたいんですけれども、こういう低所得要介護高齢者がいわば行き場がないことにつけ入って、しかも文句もいえない。そういう高齢者を食い物にするような、貧困ビジネスという言葉が言われていますけれども、そういうことが高齢者の分野で横行していることについて、知事、どうお考えですか。ぜひ知事、お答えください。(石原知事「通告してない、通告」と呼ぶ）通告はしていますよ。

結局、石原知事は答弁に立たず、安藤立美福祉保健局長が答弁に立ちました。

安藤福祉保健局長　…ご指摘のような事情について私どもが把握したときには、必ず厳正に現地に立ち入り、処分をしているところであり、つい最近も同様な事例があったところについては、介護保険法上の処分をしたところであります。

こういう状況にありますが、今回、群馬県の未届け有料老人ホームにおける火災事故がございました。改めて都内の未届け施設に対して、防火等も含めて安全管理体制の調査を緊急に実施したいと思います。その結果を踏まえて、施設の安全管理体制の確保等についても早急に検討していきたいと思います。

私は安藤局長の答弁を受けて、「個々の問題について適正な対応をすることは必要」と評価しつつ、それだけでよしとは言えないと思い、改めて知事に次のように質問しました。

吉田委員　…高齢者は豊かになったといって、福祉や社会保障の切り下げ、そして負担が増える。その一方、施設などの公的責任を後退させて民間に任せる。こういうやり方が、今所得の低い人が行き場がない状態をつくっているんじゃないですか。そこを私は改めてぜひ考えていただきたいんですよ。…基本的な知事としてお考えを、ぜひお答えください。

石原知事　高齢化社会というものが生み出すいろいろな問題が、いろんな形であっちこっちにあると思います。しかし、これは単に行政の責任といいましょうか、その背景にもっと大きな素因があると思います。例えば家族制度の崩壊、これは一体何によってこういうふうな状態を来したかということを考え直す必要があります…。

私は、家族制度に問題があるかのような主張では解決できない。独居高齢者で低所得の高齢者が増えていながら、施設が足りない、入ろうとしても収入がないから入れない。特別養護老人ホーム（特養）の整備率を見ても、東京は全国でも極めて低い整備率になっていることを指摘。特養の整備計画の引き上げ、そのための支援の強化を求めました。

2 お泊まりデイサービスの実態を浮き彫りに

無届け有料老人ホームとともに、日本共産党都議団が調査・告発を行ってきたのが、お泊まりデイサービス（お泊まりデイ）の問題です。これは、日中の通所サービス施設であるデイサービス施設が、介護保険外のサービスとして宿泊事業を行うことです。特養やショートステイが足らないために、行き場のない高齢者や家族がやむなく利用していました。いわば福祉事業の貧困によって生み出されたものです。

　このお泊まりデイでも、少なくない施設が男女同室で、いわゆる「雑魚寝」状態など、高齢者の人権、尊厳を損なう事態が起きていました。この問題をはじめて明らかにしたのは大山とも子都議でした。そして日本共産党都議団は、独自の調査を行ってきましたが、その実態は驚くべきものでした。また私は何回も地元の共産党杉並区議団のみなさんとともに区内のお泊まりデイを実施している施設を訪問しましたが、自分の母のような人が、雑魚寝のような状態で何カ月も、人によっては一年も過ごす実態に胸が痛くなりました。

　そうした調査結果に基づき、二〇一四年三月二十五日の予算特別委員会で、お泊まりデイの問題を取り上げました。その質疑を紹介します。

吉田委員　わが党の清水（ひで子：筆者注）議員の質問で、介護基盤整備のおくれをただし

杉並区内のお泊まりデイ施設を訪問調査。

ましたけれども、整備のおくれによって深刻な事態が起きています。その一つが、宿泊機能がなく、プライバシーも確保できないデイサービス施設での宿泊サービス、いわゆるお泊まりデイサービスを、特養ホームやショートステイなどに入れない高齢者が長期間にわたって利用せざるを得ないという事態が広がっていることです。

わが党は、二〇一〇年、施設内でけがをして、家族の方からの通報を受けて、この宿泊サービスの劣悪な実態を知り、ただちに都に実態把握と調査を要求しました。しかし、その時点では、都は、区市町村の役割だということで、調査に踏み出そうとしませんでした。

したがって、わが党は独自に、都内の全通所介護施設にアンケート調査を行いました。その結果、一年から何と二年も連泊しているという本当に深刻な実態が明らかになりました。そして都に対して、独自の基準の設定や届け出制度ということも求めてまいりました。

こうした中で、都は、二〇一一年に全国ではじめて独自の設置基準を設定し、そして事業者に届け出を求め、さらに国に対し、強制力を持った指導を行えるよう、法令上のサービスとして位置付けることを要望いたしました。

一定の努力はありますけれども、しかし、現状を見ると、施設数も利用者数も急増しています。事業所で見ますと、二〇一〇年十二月時点で百九十四施設でしたけれども、最新の今年（二〇一四年）三月一日時点で三百七十五施設、一部廃止、中止もありますけれども、私が数えた限りでは三百三十四施設、何とこの短い期間に一・七倍増加しています。杉並区だけで十八カ所あります。

私は、毎年、そういう状況を把握するために訪問していますけれども、率直に言って一部屋で雑魚寝に近い状況でずっと暮らさざるを得ない。しかも訪問するたびごとに、衰弱がひどくなって、話もできないということに、私は胸が痛みます。

そこで改めて現状を明らかにしていただきたいと思いますけれども、宿泊部屋が男女別々となっていない施設数、また、パーティションがないなどプライバシー確保策がとられていない施設数、一人当たり七・四三平米という基準面積以下の施設数、さらに、三十日以上宿泊を行っている、ないし三十日以下の規定のない施設数、そして、消防機関へ通報する火災報知器がない施設数、それぞれについて現状をお答えください。

川澄福祉保健局長　都は、平成二十四年十二月に、宿泊サービスを提供している事業者に対しアンケート調査を実施いたしました。回答のあった三百五十六の事業所のうち、宿泊部屋が男女別々になっていない事業所は九十一カ所、宿泊サービスの連続利用の制限を三十日以下とする規定をみずから設けていない事業所は百六十七カ所、消防機関へ通報する火災報知設備のない事業所は二十九カ所でございました。

また、都の届け出、公表制度により、平成二十六年三月一日現在、福祉保健局ホームページで公表している三百七十五事業所のうち、パーティション等がないとしている事業所は二十カ所、宿泊サービスに利用される部屋が、一つでも一人当たり七・四三平方メートルの基準を満たしていない事業所は百八十六カ所でございます。

吉田委員　…知事に伺いますけれども、こうした実態をご存知だったでしょうか。老人福祉法は基本理念で、老人は、多年にわたって社会の進展に寄与してきた者として、生きがいを持てる健全で安らかな生活を保障されるものとするとしています。

そして知事自身、最近出版された著書の中で、世界一（の東京：筆者注）に盛り込んだ思いとして、ここで老後を過ごせてよかったなと思ってもらえる都市にする、東京にするということだと思いますけれども、書かれています。

しかし、今、首都東京で、男女が同じ部屋で、プライバシーが保護されないなど、劣悪な状態で宿泊を続けている高齢者がいることが浮き彫りになりました。こうした高齢者の尊厳を傷つけるような事態は、一刻も放置できないと思いますけれども、知事、いかがでしょうか。

舛添知事　…私が厚生労働大臣のときには、この問題はそれほど大きくなっていない。しかも、国全体をみますから、地方からの声がそこまで上がってこない。しかし、今のような状況であれば、これは基準を当然国が法令で定めるべきでありまして、都は、繰り返し、国に提案要求をしております。

今後とも、国に対して、法整備を強く求めるとともに、都独自の指導、これをさらに引き続き行っていきたいと思っております。

私は一定の努力は評価しつつ、「県によっては、きちんと基準の中に男女別々というふうに書いてある県もあるんです。しかし、東京都の基準には書かれていません。そういう改善も含めて、一刻も放置できない問題について、取り組みを強化していただきたい」と求めました。

さらに私が強調したことは、お泊まりデイに依存せざるをえない現実の解決、とりわけ特養の整備とともに、在宅介護を支援するショートステイの整備のおくれの解決です。高齢者人口当たりのショートステイの定員が東京都は全国最低なのです。私は、知事の大臣時代の発言も引いて次のように求めました。

吉田委員　…知事は、在宅介護の充実といい、著書では、デイケアやショートステイなどのサービスをうまく組み合わせて、家族は介護の負担から自分を解放するというふうにしなければならないと述べています。また、二〇〇九年三月二十六日の厚生労働委員会でも、ショートステイが余裕を持って設置されるようにすべきだということまで、あえて発言されているんですよ。

しかし、東京都社会福祉協議会の調査では、ショートステイの利用率は百パーセントを超え、ショートステイを希望する利用者の四割が希望の日程で利用できなかった、空きがなくて断られたというふうに回答しているんです。介護の苦難から解放するどころの事態になっていないんです。

知事、区市町村や事業者の要望を聞いて、施設整備費の増額、運営費の補助を検討すべきですし、ましてや補助については来年度限りということではなく、継続を知事として決断していただきたいと思いますが、知事、ご答弁をお願いいたします。

しかし舛添知事は答弁に立たず、福祉保健局長が「ショートステイを初めとする介護サービス基盤の整備を進めていく必要があるというふうに認識しております」という答弁でした。

こうした答弁は不十分でしたが、お泊まりデイの実態を都議会予算特別委員会で明らかにし、知事から「今後とも、国に対して、法整備を強く求めるとともに、都独自の指導、これをさらに引き続き行っていきたいと思っております」と前向きな答弁を引き出せたことはよかったと思います。またマスコミが質問を注目し、都がはじめて明らかにしたお泊まりデイの数的実態を報道したことも、質問してよかったと思いました。

3　特養など介護基盤の整備促進を迫る

無届け有料老人ホームやお泊まりデイが広がり、高齢者や家族がそれを利用せざるをえないのは、ショートステイの不足など在宅サービスの不足とともに、特養などの介護施設の整備がおくれているところに根本問題があります。しかも東京都は、高齢者人口当たりの介護施設の整備率は全国最低レベルです。

私は、予算特別委員会で繰り返し基盤整備の抜本的促進を迫ってきました。そのなかでも、特養などの整備のおくれを多面的に明らかにし、促進を迫ったのが、二〇一一年三月二十三日の予算特別委員会です。
まず明らかにしたのは、高齢者人口が増加するもとで、高齢者人口当たりの特養のベッド数比率が増加していないどころか後退していることです。介護保険がスタートした二〇〇〇年と二〇〇八年の高齢者人口当たりの整備率の質問に対し、福祉保健局長の答弁は、増員してきたというものの、二〇〇〇年の整備率が一・四二％だったのに対し、二〇〇八年は一・二九％というものでした。
さらに私は、高齢者人口が増えても多くの府県は整備率を上げており、首都圏で下げたのは東京だけという事実を示しました。

吉田委員　…他の多くの道府県も、人口増に追いついていないのかと見ると、決してそうではありません。私の調査では、整備率が下がったのは、東京を含めて、わずか六都道県です。その一つが東京都なんです。整備率は全国で四十三位、首都圏で、たとえ人口増があったとしても、整備率を下げたのは唯一東京だけです。

さらに局長が八年間で東京都は実数で六千二百七十人増やしたと答弁したことについても、他の府県より少ないことを指摘しました。

吉田委員　同じ期間、大阪府はどれだけ増やしたか、増員数は九千四百二十一人です。お隣の神奈川県の増員数はどうか。八千九百五十七人です。さらに、お隣の埼玉県は八千七百八十四人増です。

そして私は、なぜこうした結果になったのか、「何といっても特別養護老人ホーム整備費補助額の後退を指摘しなければなりません」と発言し、グラフをパネルで示しました。中井健二さんのアイデアで作成したものですが、このグラフでは、特養整備の補助額が一九九九年度は二百五十三億円だったものが、二〇一一年度は百三十億円と半分程度に後退していることを示しました。他方、高齢者人口を示した折れ線グラフでは、一九九九年度百八十二万人が二〇〇九年度は二百五十六万人と一・四倍に増えているのです。そして特養の待機者数は九九年度に比べ約三倍に増えていることも指摘しました。

そのうえで私は石原知事に対し、「こうした現状について、責任者の知事として、どのように認識され、どのように対応されるつもりなのか」基本的見解を求めましたが、知事は答弁に立とうとせず、「通告しなさいよ、通告。ルールを守れ、ルールを」と自席で叫ぶだけでした。

私は「知事、通告問題については、私どもは高齢者福祉、介護基盤について、知事及び局長に質問するということは、きちんとした手続きを踏んでいるんです」と厳しく指摘しました。基本認識についての質問でも答弁に立たない石原氏の態度は、知事として恥ずべきものでした。

私はその後、猪瀬直樹知事に対しても二〇一三年三月十二日の予算特別委員会で質問し、猪瀬知事は「もちろん施設整備は大事ですし、あとは在宅支援を進めていかなければならない」と答弁しました。

4 生活を脅かす国民健康保険料引き下げへ都の財政支援を

都民のくらしにかかわる課題で、私が予算特別委員会で取り上げたのは、毎年値上げが押し付けられている国民健康保険料（税）の問題でした。二〇一五年三月二十四日の予算特別委員会での質疑です。

吉田委員　初めに、知事は、昨年の就任直後の第一回定例会施政方針演説の中で、「政治は強い者のためでなく弱いもののためにある、これが私の政治哲学であります」と発言し、昨年末の新聞インタビューでは、「貧乏な人は死んでしまう社会でいいのか」とまで発言しました。

こうした発言は重要ですけれども、知事は、貧困対策、低所得者対策にどう取り組んでいこうとしているのか、お答えください。

舛添知事　今、吉田信夫委員が引用されました私の言葉、私の哲学は全く変わっておりません。都はこれまでも、生活に困窮している都民がみずから安定した生活への道を切り開けるように、国に先駆けまして、居住や就労の支援など、さまざまな低所得者、離職者対策を実施してきたところでございます。…都は今後とも、生活支援や就労支援などを担う区市と連携して、低所得者等に対する様々な施策を推進してまいりたいと思っております。

吉田委員　低所得者対策を、総合的に支援して取り組んでいくということは重要ですが、その意味では、低所得者の多くが加入し、しかも、保険料が上がり続けているというこの国民健康保険問題の解決に、知事としてどう取り組むのかということが私は率直に問われているというふうに思います。

改めて福祉保健局長にお伺いしますが、東京の被保険者の実態はどのような状況になっているのでしょうか。

梶原福祉保健局長　平成二十五年度国民健康保険実態調査によりますと、東京では、年収から法定の控除額を引いた後の保険料賦課の対象となる一人当たり平均所得は九十四万三千円となっております。年齢構成では、二十歳以上四十歳未満の割合が二三・七％、六十五歳以上の前期高齢者の割合が二九・一％となっております。職業構成では、健保組合や協会けんぽなどの被用者保険に加入していない被用者の割合が四三・七％、年金生活者などの無職の方の割合が三四・七％となっております。

全国と比較いたしますと、一人当たりの平均所得、二十歳以上四十歳未満の割合、被用者保険に加入していない被用者の割合が高い状況にございます。

吉田委員　いまのご答弁ですと、非正規労働者や年金生活の高齢者が約八割近くを占めている状況になっているということですね。しかも、旧ただし書き所得換算だと思いますけれども、平均で見ても、最新のデータで一人当たり九十四万三千円、月額で計算すれば七万九千円ですか。こういう状況だけに、私は、医療費に連動して保険料が上がり続けるという構造は、解決が求められているというふうに思います。

そこで伺いますけれども、全国知事会がことし一月に発表した声明では、「今後増嵩《ぞうすう》する医療費に対し、被保険者に過度な負担を負わせることなく」と強調しています。すなわち、医療費の増加をストレートに保険料に反映させてはならないという趣旨だと思います。都としても、当然、この視点で取り組むことが求められていると思いますけれども、いかがでしょうか。

梶原福祉保健局長　今お話のあった全国知事会の緊急要請の文でありますが、これは今後の医療費が増嵩する中で、将来にわたり国民健康保険制度の持続可能性を担保するための制度的措置を講じるよう国に求めたものでございます。

都におきましても、これまで将来にわたり安定的で持続可能な制度となるよう構造的な問題の解決を図ること、その解決にあたっては、医療保険制度の医療費等の将来推計を適切に行った上で、必要な財源については国の責任において確保するよう繰り返し提案要求しております。

吉田委員　否定はされませんでした。それなら、保険料が過度な負担とならないよう手だてをとることが、私は東京都に求められていると思います。

しかし、パネルをまた紹介させていただきます。このグラフは、二十三区の均等割りの推移を並べたものです。資料にあるとおり、二〇〇〇年は二万六千百円だったものが、来年度は四万四千七百円、一・七倍にはね上がる状況となっています。医療費の増加がほぼ保険料の値上げに連動しているのではないでしょうか。しかも所得は低下しています。

そこで、知事にお伺いしますけれども、昨年七月の全国知事会声明は、既に、国保の被保険者の負担が限界に近づいているというふうに述べていました。東京でも、区市町村が、法定外繰り入れを行っても保険料は上がり続け、その負担はまさに、限界だと私は思います。

今年度の保険料通知に対して、都内の区市町村に、収入が下がっているのになぜ保険料が上がるのかなどの苦情や問い合わせが、九万件を超えて殺到したと報告を受けています。

実際の世帯の例を紹介したいと思います。これは二十三区杉並ですけれども、年収二百万の給与収入で、四十歳、三人家族の場合です。二〇一一年は国民健康保険料十一万三千七百六十円（年間）でした。しかし来年はどうなるかといいますと、国民健康保険料は十八万二千三百七円、介護分を含めると二十一万八千円です。四年間で一・六倍の値上げということになります。二百万の年収ですからその一割が国保料の支払いで奪われるという状況です。

知事、全国知事会も認めているように、まさに、負担の限界に近づいているという事態だと私はいわざるを得ませんけれども、どう認識されているでしょうか。

梶原福祉保健局長　昨年七月の全国知事会の提言のお話がありましたけれども、これは国保を将来にわたって持続可能なものにするため、あるべき保険料水準について十分議論した上で、極めて高い被用者保険との格差をできるだけ縮小するような、抜本的な財政基盤の強化を国に対して求めたものであります。…

吉田委員　私の質問に対する答弁にはなっていないと思います。私は、施策だとか考え方をあれこれ聞いたのではなく、昨年七月の全国知事会声明が打ち出した国保の被保険者の負担が限界に近づいていると、これはただ知事会の認識だけでなく、東京都としても、そう認識せざるを得ない事態ではないですかと、その認識を聞いているんです。

この認識次第では、国保問題に対する都の立場、構え方が変わってくるんです。もうイエス、ノーで結構ですからお答えください。

梶原福祉保健局長　保険料の水準は、さまざまであります。それを決めているのは、各区市町村であります。都の区市町村の水準といいますが、都の国保料でいうと、一人当たりの所得は全国一位でありますけれども、一人当たりの保険料調定額は十七位、負担率は四十七位となっております。

吉田委員　先ほども紹介しましたけれども、東京の国保の収納率は全国最低ですよ。また、滞納世帯も二二・三％で全国ワーストワンですよ。まさに負担の限界にあるから、こういうことになるんではありませんか。

しかも、東京の場合には、単に平均的な数値だけでみることはできません。私が調べた国の二〇一三年度全国調査によれば、明らかに所得にたいする平均保険料の負担率は上がっています。私の計算では七・九％です。

さらに東京の国民年金の平均受給額は月額でいくらだと思いますか。五万三千九百円ですよ。全国三十位ですよ。保険料は全国一安いという状況じゃありません。

改めて、負担が限界に近づいている認識はないんですか。

梶原福祉保健局長　私どもは、従来から国民健康保険制度には根源的な問題があるということは認識しております。その上で、制度においては、それを国が制度の設計者として、きちんとやってほしいというお話をしています。委員のお話は、それができないならば、国でできないならば都が補填をしろというご主張のように聞こえます。…

吉田委員　都の責任を追及されるからといって、現実をきちんと見て答えていただきたいと思うんです。しかも、いいたいのは国保料だけでないんですよ、負担というのは。（グラフを示し）これは二十三区、私の杉並のところで、国保料だけではなく、国民年金保険料を合わせたら、来年度はどのくらいの負担になるのかということで、杉並区が試算して杉並区議会に提出したものをグラフにしたものです。

ご覧のとおり、これは先ほどの年収二百万円、三人家族で五十九万円ですよ。年収の三割近い負担になるんです。それに消費税の増税が上乗せとなり、ましてや、民間の賃貸住宅の家賃支出があったとしたら、どうなるでしょうか。知事、ぜひお答えいただきたいんですけれども、こういう事態をどう見ますか。政治は弱いもののためにというなら、都の努力としても、国に社会保障負担を引き下げ、社会保障予算を拡充するということを求めるべきではありませんか。

舛添知事　…国民皆保険を守るためにはどうすればいいかということを、これはしっかりと論議した上で制度を維持すると。しかし、その中で、低所得者の方々がおられる。この人たちに対して、新たな負担軽減策を求めると。この方針は、国も、しっかりと持っているというふうに私は見ております。

…これは、吉田委員がおっしゃいました問題意識も含めて、さまざまな複雑な問題が絡んでいると思いますので、ぜひとも、今後とも議論を深めていきたいというふうに思っております。

知事が、国保料問題で、私の「問題意識も含めて…今後とも議論を深めていきたい」とのべたことは、きわめて異例であり、重要な答弁だったと思います。最後に私は、国の責任とともに、「局長が気にしていましたけれども、やっぱり東京都の責任は免れないと思います」とのべ、計算してみると東京都からの一人当たりの法定外の補助額は、一九九九年度は八千百七十三円でしたが、今は千二百二十六円に激減していることを示し、都として努力することが求められていることを強く指摘し、国保料問題の質問を締めました。

なお、ショートステイなど介護基盤整備問題や国保料問題などは、党都議団事務局のなかで福祉分野を担当している窪田大二郎さんに援助していただきました。

3章

オリンピック問題で告発と積極的提案

二〇二〇年の東京オリンピック・パラリンピック開催に対し、日本共産党都議団は、都民生活や環境と調和し、人間の尊厳保持に重きを置くというオリンピック憲章にかなう取り組みとなるよう積極的に努力してきました。多くの都民が懸念する過大な税金投入を抑制し、施設整備にあたっても既存施設の活用、大会後も真に都民のための財産となることなどを求めてきました。

私は、二〇一三年から二〇一七年七月に退任するまでこの問題の特別委員会（オリンピック・パラリンピック招致特別委員会、その後オリンピック・パラリンピック等推進対策特別委員会）の委員を務めてきました。また、日本共産党都議団のなかのオリンピック問題調査チームの責任者を務めてきました。あぜ上三和子都議、とくとめ道信都議も特別委員であり、チームメンバーでした。私は、築地市場の豊洲移転問題などとともに、オリンピック問題でも日本共産党都議団は都政と都議会をリードしてきたと確信します。

例えば、国際オリンピック委員会（ＩＯＣ）が打ち出した「オリンピックムーブメンツ　アジエンダ21――持続可能な開発のためのスポーツ」の、既存施設を最大限活用するとの方針に着目し、既存会場の活用拡大を先駆的に提案してきました。その結果、バスケット、バドミントン、セーリングの三会場は新設計画を見直し、既存施設を使うことになりました。また、非公開だったＩＯＣの競技ごとの客席数基準に着目し、水泳は一万二千席が基準であり、都の二万席は過大だと指摘し見直しを提案。結果的には一万五千席に変更させることができました。また、ロンドン大会では、総事業費を定期的に公表し市民と議会によるチェックが行われてきたことを紹介し、小池知事もロンドンに学ぶと言わざるをえませんでした。さらに、新国立競技場計画や、海の森水上競技場計画の抜本見直しを迫り、デベロッパー本位の選手村計画の告発など、日本共産党ならではの努力をしてきました。

こうした先駆的取り組みができたのは、オリンピック憲章や前述の「アジェンダ21」、経費の削減を打ち出した「アジェンダ2020」(二〇一四年)など、IOC方針の研究はもちろん、ロンドン大会の詳細な経過を英文のレポートも取り寄せて研究したからです。風と波が懸念される海の森水上競技場問題では、あぜ上さんと私で国際ボート連盟、国際カヌー連盟の幹部に直接国際電話をかけて意見を求める(通訳の中村みずきさんの協力で)など、徹底した調査を行ってきました。この点では、都議団事務局の藤野章子《あきこ》さんや永井涼子さんが、文献の調査や翻訳などに頑張ってくれました。

また、専門家や関係者との連携も大きな力でした。新国立競技場計画では、歴史的な景観破壊の巨大計画を世に問う論文を発表された建築家の槇文彦先生から何度もサジェスチョンをいただき、競技場のモンタージュ写真が設計より低く加工されているという私の問題提起を、建築家の方が独自に計算をして確認してくださいました。また海の森水上競技場をめぐっては、戸田漕艇場を利用している大学のボート部関係者や埼玉県ボート協会の方から何度もアドバイスを受けました。

1　新国立競技場計画をただす

IOCのアジェンダに反していることを明らかに

オリンピック問題のなかでも重視して取り組んできた課題の一つが、神宮外苑での新国立競技場建設問題です。特別委員会での質疑は五回に及びます。

その第一は、神宮外苑の歴史的景観を損なう巨大施設を許してはならないということでした。建築家の槇文彦氏が雑誌『JIA MAGAZINE 295号』（二〇一三年）に特別寄稿した論文「新国立競技場案を神宮外苑の歴史的文脈の中で考える」は、国と都、日本スポーツ振興センター（JCS）が進めてきた巨大な計画が、いかに景観を損ない、後世に禍根を残すのかを教えてくれました。しかも槇氏をはじめ多くの建築家、都市計画の専門家、文化人が文部科学省と東京都に規模の縮小と経緯の公開を求める要望書を提出するという行動に立ち上がりました。また、作家の森まゆみさんら女性たちが「神宮外苑と国立競技場を未来へ手わたす会」を立ち上げ、都議会にも要請行動をはじめました。

私は、東京開催決定直後の二〇一三年十一月十一日のオリンピック・パラリンピック招致特別委員会で、槇さんらの要望書への対応について取り上げましたが、オリンピック・パラリンピック準備局（以下、オリ・パラ準備局）の担当部長は「新国立競技場のデザインにつきましては、日本スポーツ振興センターが実施しました新国立競技場基本構想国際デザイン競技により選定されたものであり、その中で周辺環境との調和についても審査されたものと認識しております」という答弁でした。私は「私の質問への答弁とは受け止めがたい、もう一度答弁を」と迫りました。すると「要望については、整備主体である国が受けとめて検討すべきものと考えております」という、まったく無責任な答弁でした。

東京都のオリ・パラ準備局は景観や都市計画は所管していませんが、オリンピックのために整備する競技施設がＩＯＣの方針に合致するものとなるよう努力する責任は問われます。私は、その場で、ＩＯＣの「アジェンダ21」を示しました。「アジェンダ21」では競技施設について、「土地利用計画に従って、自然か人工かを問わず、地域状況に調和して溶け込むように建築、改装されるべきである」「まわりの自然や景観を損なうことなく設計されなければならない」というたっているのです。

さらに私が示したのは、同じ神宮外苑地域にある東京体育館の改築時には、都は設計者に対し周辺環境や神宮外苑の景観への配慮を厳格に求めていたことです。「設計にあたっての基本的考え方」では「3、周辺環境との調和及びオープンスペースの確保、4、既存樹木の保存と植栽による緑の増大、5、明治神宮外苑の風景展開と場所性への配慮」と定めていたのです。私が東京体育館の改築に着目したのは、設計者の槇氏が前掲の論文のなかで、高さを低く抑えるために苦労されたことを書かれていたからです。こうした努力とくらべても、準備局の対応はあまりにも無責任でした。

この日の委員会でさらに私がただしたことは、ＩＯＣの要求水準についてです。「八万席全て固定席、開閉式の全天候型という構造は、ＩＯＣが求める基準ではありませんよね。メインスタジアムについて、ＩＯＣの要求水準はどのようなものになっているのでしょうか」。担当部長の答弁は、「ＩＯＣの基準では、陸上競技場と開閉会式を行う場合、六万席が必要とされております」ということでした。八万席で開閉式などＩＯＣは求めていないのです。

実際の設計より低いモンタージュ写真を発見、再提出へ

私は、どうしたら、巨大競技場計画を見直しさせることができるのかと考えながら、日本スポーツ振興センターが発表した基本設計などの資料を繰り返しチェックしてきましたが、そのなかで、「おかしい」と思うことがありました。それは、基本設計の説明書のなかに、完成予想のモンタージュ写真が示されていましたが、わずか二枚で、二枚とも神宮外苑の樹木に競技場が隠れて見えないものでした。そして景観に影響はないと説明していたのです。

私は、これは競技場が見えない地点を選んだだけで、別の場所から見た場合のモンタージュ写真なら樹木から飛び出て競技場が見えるはずだと考えました。そのためには、これを立証しなければなりません。そこで考えたのは、競技場の高さに風船をあげ、競技場がどのように見えるのかを実験しようということでした。

さっそく風船、ヘリウムガス、そしてタ

風船をあげ、見える高さを調べる。

コ糸などの機材を調達し、二〇一四年七月二十六日、大山とも子、小竹ひろ子、あぜ上三和子各議員、そして都議団事務局の藤野章子さん、佐藤直樹さんとで風船をあげ、それを絵画館前の離れた地点から写真に撮ってみました。すると、絵画館周辺の樹木の上にはっきりと風船が見えるのです。この調査を報道した『しんぶん赤旗』(二〇一四年七月二十七日付)で私は「場所を変えただけで、巨大な競技場が見えることが明らかになった。基本設計には恣意的な説明があり、再調査を求めたい」とコメントしていました。

そして日本共産党都議団は八月四日、文部科学省と日本スポーツ振興センターに対し「新国立競技場計画に関する質問状」を提出。質問の2「神宮外苑の歴史的景観への影響に関して」のなかで、次のように求めました。「私たちが調査した絵画館前の地点を含め、あらゆる地点からどのように見えるかの合成写真を示してください」(質問状には、風船の写真も添付しました)。

八月二十七日、質問状への回答が提出され、合成写真については、四十カ所からの写真が提出されました。そのなかには、私たちが指摘したとおり、競技場がむき出しで見える写真が何枚もありました。日本共産党都議団は、八月二十八日付で「回答について」と題する見解を発表するとともに、提出された写真を公開しました。これが思わぬ反響を呼び起こしました。競技場計画地に隣接するマンション住民の方からの通報で、提出された写真のなかに、明らかに競技場を設計よりも低くしている写真があるというのです。私は、その方と連絡をとって、ただちに現場へ急行しました。

すると、「Ａ－１」の番号がついた写真が、たしかに不自然なのです。千寿院交差点の信号機の後ろに競技場の人工地盤が見える写真ですが、人工地盤の高さは一〇・三メートルなのに、高さ七メートル程度の信号機と同じ高さに合成されているのです。

私たちは、再度現地調査を行いました。風船だと風に揺れる弱点があるので、今回は人工地盤の高さを角材をつないだ棒で示して、どう見えるかを調査しました。ところが角材はしなり、急に雨が降り出し、土砂降りの雨のなかの調査でしたが、人工地盤は信号機と比べても高く見えることが確認できました。同時に、専門家による検証が必要だと議論し、私は思い切って、槇氏にメールで検証をお願いしました。すると数日後、槇氏から依頼を受けたという建築家の方からメールで、モンタージュ写真に競技場の基本設計に基づく本来の高さを線で引いた資料までつけた検証結果が寄せられました。私たちの指摘どおり、全体的に競技場が低くなっているという結論でした。

日本共産党都議団は、九月十六日、日本スポーツ振興センターに「景観モンタージュ写真の疑問点について」と題する質問状を提出し、至急回答するよう求めました。十月十四日、同センターから、私たちの指摘を受けて再調査し作成したモンタージュ写真が提出されました。従来の写真と比べ人工地盤の位置は高くなり、競技場全体も大きなものに修正されていました。これは、都や新宿区との景観協議のために提出されたモンタージュ写真が間違っていた、競技場が実際より小さくなっていたことを示すものです。

十月十五日、日本共産党都議団は舛添要一知事に対し、これまで提出されたすべてのモンタージュ写真をやり直すとともに、事実に反するモンタージュ写真での事前協議の結果は白紙に戻し、景観の事前協議をやり直すよう求めました。しかし、都はこれを無視し、やり直すことはしませんでした。

日本共産党都議団は引き続き多くの建築家や市民運動の方と連携し、新国立競技場計画の見直しを求め、文部科学省、東京都に繰り返し申し入れを行ってきました。都民、国民からも見直すべきという声が広がり、新聞の世論調査では、八一％の人が計画を「見直すべき」と回答する事態にまで発展しました。こうした世論の高まりのなかで、二〇一五年七月十七日、安倍晋三首相はついに、これまでの計画を白紙に戻し見直すことを発表しました。

私たちはただちに、舛添知事、遠藤利明五輪担当大臣に対し、新たな整備計画策定に関する申し入れを行いました。そのなかでは、①客席数や高さの抑制など歴史的景観と調和した計画とすること、②都営霞ヶ丘アパートの取り壊し計画を白紙に戻し再検討すること、③整備費を最小限に抑えるとともに、国負担の原則を貫くことを求めました。

しかし、八月の関係閣僚会議で了承された新たな整備計画と技術提案公募のための要求水準書では、整備費は下げたものの、高さは七〇メートル、規模は八万席、人工地盤の構造も従来計画を前提とする内容でした。私は、知事出席のもとで開かれた九月十七日の特別委員会で、新たな計画について、抜本見直しを求めた都民の願いに反するものだと批判し、知事の見解を求めました。しかし知事は、「現実的な計画になっていると考えてございます」という答弁でした。私は、国会の文部科学委員会で日本スポーツ振興センターの鬼澤佳弘理事が、「おおむね旧計画と同様でございます」と答弁していると指摘しました。そして横浜市の日産スタジアムは座席数約七万二千、高さ五一・九六メートル、総工費は六百三億円、新しい工法によって三年九カ月で完成させたことを紹介。「今後の参考に生かすべきだ」と質問しました。知事は答弁に立ちませんでしたが、中嶋正宏・都オリ・パラ準備局長が「そういった今のご指摘も今後の検討の対象になっていくのではないか」と答弁しました。

都営住宅の存続、住み続けられることを求める

日本共産党都議団が新国立競技場計画に関連して取り組んだ課題の一つが、新競技場整備のために廃止し居住者を追い出そうとしていた都営霞ヶ丘アパートの問題でした。この問題は、新宿区選出の大山議員が、早い段階から文書質問を提出するなど取り組んできました。すでに立ち退きが始まっていましたが、少なくない住民が現在地で住みつづけることを望んでいました。

私は、競技場計画の見直しが決まった直後の二〇一五年八月二十八日のオリンピック・パラリンピック等推進対策特別委員会で、競技場計画そのものを白紙から見直すなら、当然、都営住宅の廃止計画も白紙にすべきという立場から都営住宅問題を取り上げました。

私がまず確認したことは、五輪によって二度にわたって立ち退きを迫るという本来あってはならない事態が過去にあったのかでした。霞ヶ丘アパートは、一九六四年の東京オリンピックに伴い建設され、国立競技場整備のために立ち退きを迫られた方々が入居されていました。そして今回再び移転が迫られたのです。私は、「オリンピック憲章」では人間の尊厳の重視がうたわれ、IOCの「アジェンダ21」では、居住、住環境を重視し、選手村整備にあたっては「社会の貧困層を忘れず」とまで明記していることを紹介し、東京大会のメーンスタジアム建設を理由に都営住宅の団地を廃止し居住者に移転を迫ることは、オリンピック憲章の精神に反すると指摘し、見

解を求めました。

担当部長は、「二度にわたって住宅が転居するというような事例につきましては確認ができておりません」と答弁し、「このことについては、ＩＯＣからオリンピック憲章やアジェンダに関する指摘は受けておりません」としか言えませんでした。

続いて私は、競技場整備計画が白紙になったのだから、都営住宅廃止計画も白紙ではないかとただしましたが、担当部長は国会での五輪担当大臣の答弁を引き、「本体の設計、施工のみが見直しの対象である」と答弁するのみでした。しかし見直しが本体だけであっても、競技場への進入路である人工地盤が不要となれば、その人工地盤に上るため都営住宅を廃止してたまり場・オープンスペースをつくる必要はないのです。私は「都営住宅と新競技場が共存できる計画になるように努力するということは、皆さん方の課題だ」、都の「対応が問われている」と迫りましたが、担当部長の答弁は、「見直しの対象は、競技場本体の設計、施工のみ」というものでした。

このように、都が都営住宅を守ろうとしない姿勢が浮き彫りになりましたが、この日の特別委員会で私は、都営住宅を所管する都市整備局が、新国立競技場整備のためには都営住宅用地を積極的に提供する姿勢だったことも明らかにしました。それは、国立競技場の将来構想有識者会議のもとで施設建設について検討していたワーキンググループのなかに都市整備局の幹部が参加し、都営住宅を廃止してアクセスルートにするという案を了承しただけでなく、積極的に協力する発言をしていたのです。

新国立競技場整備への都負担を徹底して追及

新国立競技場整備問題で、日本共産党都議団が取り組んだ重要課題は、政府と自民党が一体になって、国立施設でありながら整備費負担を都に押しつけることを許さない論戦でした。

そもそも、都立の競技施設の整備費や用地費、さらに選手村の基盤整備だけでも、都負担は二千五百億円（当時）となっており、そのうえ国立競技場の整備費まで負担すれば、さらに五輪関係の整備費は膨らみ、都財政と都民施策に重大な影響を及ぼすことになります。それだけに、私たちは、招致決定の前から繰り返し、国立競技場の整備費を負担してはならないと主張しつづけてきました。そして、曖昧さはありましたが、新国立競技場本体は国の責任であり都は整備費を負担しないことを、猪瀬知事も舛添知事も明言してきました。しかし、政府と自民党の圧力のもとで、猪瀬知事は周辺施設の整備費については協議に応じると一歩後退し、さらに舛添知事は、二〇一五年九月の特別委員会で自民党に迫られ「全面協力」を約束し、本体についても都が負担する方向に踏み出したのです。

舛添知事に国への「全面協力」を認めさせた自民党の質問は異常なものでした。自民党都議が、新国立競技場をめぐって下村博文文部科学大臣を批判した舛添氏の一言一句をこれでもかと取り上げ、反省を迫ったのです。そして「全面協力」と言わない舛添知事に対し、副委員長を務める自民党都議が、「財源問題も含めて全面的に協力していく、こういうことですよね」とたたみかけ、知事は「副委員長、おっしゃるとおりでございます」と答弁するのです。

そのあと質問に立った私は、自民党への答弁について、「まるで財政負担について国と東京都がイーブンな関係で責任を負うかのような印象を負いかねない。そんなことはないですね。国(立)である以上、国責任が第一だということは明確ですね」とただしました。ところが舛添知事は、「先ほど申し上げたとおりでございます」と、自民党への答弁を追認したのです。

こうした舛添知事の政府と自民党への屈服ともいえる態度の結果、東京都は、将来に重大な禍根を残す負担を受け入れたのです。十二月一日に発表された国と都の合意では、新国立競技場本体の整備費の四分の一を東京都が負担し、周辺整備については都が全額負担する。総額四百四十八億円の負担を都は受け入れたのです。

二〇一五年十二月十四日のオリンピック・パラリンピック等推進対策特別委員会で、都負担合意について、私は全面的にただしました。以下質疑の要旨を紹介します。

吉田委員　国立のスポーツ施設は、立地地域に便益をもたらしていますが、便益を理由に地方公共団体が四分の一などの割合で負担をした例はあるのか。

オリンピック・パラリンピック準備局調整担当部長（以下、部長と略）　地方が負担した例は承知していない。

吉田委員　事例がないということは、便益を理由に負担する必要はない、法的にも求められないことを示している。八万人分の備蓄倉庫などを負担の根拠にしているが、負担の法的根拠を明らかに。

部長　便益を総合的に捉え、都の負担と比較して妥当と判断したもの。

吉田委員　法的根拠は示されなかった。国直轄事業の負担割合が根拠と本会議で答弁したが、国直轄に準拠した法的根拠は。

部長　国直轄事業負担金制度の考え方に準拠するのが妥当と判断した。

吉田委員　国直轄事業は、地方財政法で定められている。逐条解説では長期計画に位置づけられている土木事業を指すもので、具体的には道路、河川、港湾。また、原則として地方公共団体が実施しなければならないものだが、困難、不適当の場合が認められるとなっている。

どう認識か。

部長　地方財政法では、国の事務に地方自治体が支出することは原則できない。新たな法的根拠が必要。類似の国直轄の考え方に準拠した。

吉田委員　国直轄に準拠というなら、五輪後の新国立の改修や、日本スポーツ振興センターが管理する秩父宮ラグビー場の改築なども負担になりかねないが。

部長　完成後の維持管理費、工事費等一切の経費は都が負担することはない。

吉田委員　負担は求めないという合意文書はあるのか。

部長　文書では交わしていない。

吉田委員　負担に関して新たな法整備をすると表明されたが、法によって負担が縛られることは重大。法整備の内容は。

部長　法改正は国の専管事項。

吉田委員　今回の合意に用地費がない。用地費の負担はないということか。

部長　その件は、特に議論はない。

吉田委員　法的根拠について伺う。地方財政法は国と地方の財政上の原則を定めたもの。すなわち国の事業は国が（負担）だ。便益を理由に国立施設の整備費を都が負担することは地方財政法上認められると判断か。

部長　地方財政法第十二条においては、国の事務に対し地方自治体が支出をすることは原則できないとされている。したがって、国において必要な法的措置を講じるとされている。

吉田委員　逐条解説では、規定が設けられた趣旨は、国と地方公共団体の地位の優劣が、とかく国の予算不足を地方に転嫁し、国と地方公共団体の財源秩序の確立に支障となる場合があることから規定したとしている。この原則を優先すべきだ。新たに整備するということは、現時点では、（負担の）スキームは地方財政法に反しているということだ。

部長　法的な根拠がない財政負担は行えないということを私どもは主張してきた。合意を踏まえて、法的措置を講じるとされた。

吉田委員　法的整備というが、地方財政法の原則に反することをごり押しすることは認められない。

質疑を通じて、便益をもって新国立競技場整備費の四分の一を都が負担する根拠はなく、法的に認められないことが明確になったと思う。しかも、今後の改修費も含めて都が負担させられかねない危険性をはらんでいる。私たちは、引き続き本特別委員会で徹底した議論をすることを求める。

法案は重大な禍根を残すものに

政府は二〇一六年二月に都の負担を義務づけるための法案を閣議決定しましたが、法案の内容は、私たちが指摘したとおり、将来に重大な禍根を残すものでした。日本共産党都議団は、二月の本会議で白石たみお議員、三月の予算特別委員会であぜ上議員が法案の問題点を厳しく指摘し、知事の責任を追及しました。

その第一は、法案は新設だけでなく、改修も負担の対象に含んでいること。そのうえ、新国立競技場だけでなく、日本スポーツ振興センターが管理する施設すべてを負担の対象にしていること。これでは新国立競技場の観客席を八万席に増設する改修費や、秩父宮ラグビー場の改築費も負担の対象となり、都の負担は今後際限なく膨らむ危険性があります。

第二は、法案が都の負担を事業費の三分の一と規定したことです。これは、合意した四分の一負担を引き上げるもので、不当な合意をさらに拡大するものです。しかも法案は、負担の合意が成立しないときは文部科学大臣が裁定をするとまで規定しているのです。

日本共産党都議団は、こうした重大な問題が明らかになった以上、国との負担合意は白紙に戻し、法案の撤回を政府に求めるべきと主張しました。ところが舛添知事の答弁は、法案は国会で議論するものという無責任きわまりないものでした。「法案の内容については、国が責任を持って国会の場において説明し、国会の場において審議されるものでございます」「財源スキームを実施するためでありまして、国が行う法的措置であると理解しておりまして、合意を白紙に戻すことはあり得ません」。

2　選手村計画、異常な大手デベロッパー優遇をただす

選手村計画も重視して取り組んだ課題でした。選手村に関する計画は、二〇一四年十二月に「選手村　大会終了後における住宅棟のモデルプラン」が初めて発表されましたが、どのような選手村にするかではなく、大会後の選手村の住宅計画がまず示されること自体、きわめて逆立ちした話です。しかもそのプランでは、大会後に五十階建ての超高層マンションを二棟建設することが盛り込まれていたのです。さらに、こうした計画づくりは、三井不動産レジデンシャルを筆頭に国内の大手デベロッパーが深く参画し、そしてそのグループが都から特定建築者として住宅整備を任されました。しかも特定建築者への土地の譲渡価格は一三ヘクタールで百三十億円を切

り、一平米あたり十万円以下という驚くべき低価格でした。他方、公的な住宅など低所得者が入れる住宅計画はまったくないのです。

選手村計画は、こうした重大な問題をはらんだ計画であり、本会議でも繰り返し取り上げるとともに、私は特別委員会で三回にわたって質問しました。調査と質疑で浮き彫りになったことを紹介します。

第一は、都民、国民のためのレガシーがないことです。「レガシー」という言葉はなじみがありませんが、ＩＯＣは大変重視しています。レガシー、すなわち直訳すると「遺産」ですが、オリンピック・パラリンピック開催中の一過性でなく、将来にわたって開催都市の住民にどのような財産を残すのかを重視しているのです。しかし今回の選手村計画は、ロンドン大会の取り組みと比べても、そして日本での過去三回の大会の選手村の後利用と比べても、都民、国民のためのレガシーがない、異常なものです。二〇一四年九月の特別委員会で初めて選手村問題を取り上げるにあたって調べましたが、ロンドンでは大会後の住宅二千八百十八戸のうち、千三百七十九戸をアフォーダブル住宅、直訳すると購入しやすい価格の住宅として整備し、公営住宅も整備しました。さらに学校、病院まで整備しました。日本では、一九六四年の東京オリンピックの選手村は、国立オリンピック記念青少年総合センターとなり、青少年の研修・宿泊施設として広く利用されています。一九七二年の札幌冬季オリンピックの選手村は、住宅都市整備公団（現・都市再生機構）の「五輪団地」として、男子棟は賃貸住宅、女子棟は分譲住宅になっていると報告されていました。さらに、一九九八年の長野冬季オリンピックの選手村は「今井ニュータウン」となり、総戸数千三十二戸のうち一番多いのは三百十八戸の市営住宅、他は県・市の教職員住宅、企業住宅、分譲住宅と複合的な住宅になっています。こうした事例とくらべると、住宅はすべて民間デベロッパーによる分譲住宅、一部賃貸住宅、公的住宅はゼロという今回の選手村の異常さが浮き彫りになります。

さらに私が重視したことは、ＩＯＣの「アジェンダ21」のなかでも、「宿舎建設は、社会の貧困層を忘れず、地域住宅建設計画を景気づけるよう計画されなければならない」と明記されていることです。都の選手村計画が「アジェンダ21」の理念、方針にも反していることは明らかです。ところが私の質問に対し担当部長は、「開催都市の社会経済状況や会場予定地の立地条件により、大会ごとに異なっている」と、まるで低所得層に配慮した住宅は東京では不要であるかの答弁をしたのです。

第二に明らかにしたことは、大会後の住宅計画の事業性が優先された結果、東京２０２０オリンピック・パラリンピック招致委員会が二〇一三年一月にＩＯＣへ提出した「立候補ファイル」が示した選手村計画とはかけはなれた計画になったことです。例えば、立候補ファイルでは、住戸のレイアウトについて、「各住宅の窓は、選手村の立地特性を生かし、東京湾の風景を望める」とあり、完成予想図はそうした住宅配置になっていました。また、住宅の高さは、「海からのスカイラインを考慮し、さまざまな高さの住棟を配置する」とありました。しかしプランでは十七階建ての板状の住宅が城壁のように林立しています。しかも、立候補ファイルでは、選手村の設計にあたっては、選手村を利用したことのあるアスリートや大会関係者も参画しその意見を反映させると明記されていますが、アスリートの意見は聞かずにプランはつくられました（東京オリンピック・パラリンピック競技大会組織委員会＝以下、組織委員会＝アスリート委員会で選手村が話題となったのは、プラン発表のずっと後でした）。なお、立候補ファイルでは、選手のためにトラック、テニスコート、プールを設けると書かれていましたが、この三施設すべて中止となりました。

第三に、五十階建て超高層マンション二棟建設を盛り込んだことに象徴されるように、徹底してデベロッパー優先計画だということです。私は、二〇一五年一月の特別委員会で、大会後に五十階建て二棟を計画した理由を質問しましたが、答弁は「街区内に空地を確保するために、板状棟に加え超高層タワーを導入することにした」「にぎわいの拠点を設けるため」というもので、明確な説明はできませんでした。続けて私は、このプランはどのような事業者からヒアリングを行って策定したのか質問しました。業者名は伏せましたが、「一定規模以上のマンションの供給実績がある民間事業者へのヒアリング等も経て、住宅棟の基本的な考え方を取りまとめたもの」と答弁しました。

私は、ヒアリングに参加できる民間事業者の要件が「日本国内における新築の集合住宅の供給実績が一年間で千五百戸以上の法人」となっていたことを示し、結局大手デベロッパーの要望で住宅棟プランがつくられたものだと指摘しました。しかもこのヒアリングに参加した大手デベロッパーは、その後は事業協力者として具体的計画づくりをすすめ、さらに特定建築者となって土地の譲渡を受け、実際のマンション建設、販売を進めるのです。まさに大手デベロッパーによる大手デベロッパーのための選手村づくりといって過言ではないでしょう。

第四は、マンション建設のための土地や道路、都市インフラ施設などの基盤整備は都が全額負担し、さらに異常な低価格で都有地を民間に譲渡する問題です。私は二〇一四年九月の特別委員会で、民間事業者によって住宅が建設されるので、都の負担がないかのような誤解があるがとんでもないとして、まず土地は臨海地域開発事業会計の土地であり一般会計で購入する必要があること、また巨大な防潮堤を整備し、内側を盛り土し、水道、下水道などの整備をすること、さらに道路等の整備をすることなどを上げましたが、都もこれを認めました。その後の調査で基盤整備費は約四百五十億円に及ぶことがわかりました。ところが、土地を取得する大手デベロッパーは基盤整備費の負担はなし、ゼロなのです。さらに二〇一六年五月に発表した特定建築者募集要項では、一三・四ヘクタールの処分予定価格を百二十九億六千万円、一平方メートル当たりわずか九万六千七百円という超低価格にしました。

三月の予算特別委員会であぜ上議員は、選手村予定地に隣接する地域で東京都は平米単価百三万円で民間に売却した事例などを紹介し、それに比べて十分の一以下で貴重な都有地を大手デベロッパーに売却する計画を厳しく批判しました。日本共産党都議団は、同年五月十七日、「選手村整備にかかる大手デベロッパーへの破格の優遇措置の見直しを求める申し入れ」を舛添知事あてに提出。募集を白紙撤回し、敷地処分予定価格を、基盤整備による土地価格上昇も見込んだ公正な価格として再募集するよう求めました。小池知事に対しても調査と再検討を求めましたが、「適正に土地価格を算定し、公正な手続きにより民間事業者を公募したと聞いております」という答弁でした。「聞いております」という答弁になっていますが、これをうのみにする知事の態度は許されません。

3　海の森水上競技場計画の抜本見直しを求める

都が整備する競技会場計画のなかでも、私たちが抜本見直しを求めて取り組んできた施設が、ボートとカヌースプリント競技会場となる海の森水上競技場です。本会議でも取り上げるとともに、あぜ上議員と私とで連携しながらオリンピック・パラリンピック等推進対策特別委員会で質問を行ってきました。二〇一六年九月には「海の森水上競技場計画の重大な問題点――仮設での彩《さい》湖利用の提案」、十月には「ボート・カヌー会場の見直し検討にあたっての提案」を小池知事に提出してきました。

海上で風、波の影響を受ける最悪の立地

海の森水上競技場問題に取り組むきっかけとなったのは、戸田漕艇場を使っているボート関係者が会場予定地を調査し、ボート会場としては不適格だという声を上げているという新聞、テレビの報道を見たことでした。さっそくこの取り組みの中心になっている大学ボート部総監督の方にメールで面会をお願いすると、先方からもぜひ話を聞いてほしいという返事があり、戸田ボー

ト場と彼らが会場の候補地としてあげている埼玉県の彩湖を案内していただきました。話を聞いてはっきりとわかったことは、海の森水上競技場がボート競技の会場としては最悪だということです。それは、海上で波も風も強く最悪の立地であるとともに、コースの両側は高い垂直護岸で波がはねかえるなど、レーンによって風や波の影響が違い、公平な競技が保証されないことです。さらに、艇庫を見学させていただきましたが、戸田に艇庫や合宿所をもっている大学ボート部のほとんどが、海の森水上競技場には行かない、艇庫は移設しないと考えていることを知ったことです。

そして案内してもらって見た彩湖は、湖面が鏡のように静かで、夕日を映していました。彩湖は公園のなかにあり、緑も豊かで、競技に集中できる環境だと確信しました。また彩湖の場合どのようにコースをとり、どの程度の工事費がかかるかまで試算して私たちに説明してくれました。見学し話を聞いたのは、私とあぜ上都議、そして都議団事務局の藤野さんの三人でしたが、もうここしかないと確信しました。

都はもっぱら、開催期間の風を調査したが問題ない、そして風を遮る植樹をする、波を消す装置を両側に設置するから問題ないという説明でした。都側のこうした説明をうのみにできないと思いついたのが、国際組織に直接、意見を聞いてみようということでした。

中村みずきさんに同時通訳をしてもらい、あぜ上都議が国際ボート連盟と国際カヌー連盟に電話をかけました。国際ボート連盟は幹部が電話に出てくれましたが、計画については容認する態度でした。これにめげず、次は国際カヌー連盟に二回にわたって電話で意見を求めました。すると、一回目の電話では風のデータ提出を都に求めているがまだ出されていない、会場について了解はしていないという話でした。さらに二回目の電話では、「コースに沿って木を植えてほしいと要望し、都からはできないという答えが返ってきた」「私たちとしては同意できない」と話してくれました。こうした国際組織との電話を、あぜ上さんも私もオリンピック・パラリンピック等推進対策特別委員会の質疑で紹介しましたが、オリ・パラ準備局の幹部はびっくりしていました。

私たちは、彩湖提案の現実性を確認するために、国土交通省の荒川上流河川事務所を訪問し、責任者の方に聞きましたが、言われたのは利用者などの合意ができれば可能だという話でした。

さらに二〇一六年九月の「海の森水上競技場計画の重大な問題点」を発表するために、あらためて調べてわかったことは、リオデジャネイロ大会やロンドン大会はもちろん、近年のオリンピックで海上にボート、カヌー会場を設けた例はまったくないということでした。

軟弱な地盤

海上にあり風、波の影響を免れない立地条件とともに私が追及したことは、海の森水上競技場の計画地は最悪の軟弱地盤だということです。整備費が四百九十一億円にまで膨らんだのも、軟弱地盤による工事費の増加がありました。

これは特別委員会におけるオリ・パラ準備局の担当部長の答弁ではっきりしました。例えばあぜ上議員の質問には、「地質調査の結果、付近が非常に軟弱な地盤であることが改めて判明」したために、「地盤改良工事を実施する」と答弁。私の質問への答弁では、「地盤のかたさを示すN値が、深さ十数メートルにわたりましてゼロから三程度の極めて小さい値となっております状況から軟弱地盤と判断しました」と答弁。さらに、入手した都と日本ボート協会などとの協議記録をみると、都の担当者が「工事期間、難易度、コスト面どれも大変厳しい状況である。とはいえ、ここでやるしかないので」と発言していました。

地盤に関連して私が気になったことは、オリ・パラ準備局が軟弱地盤で地盤改良が必要と言ったにもかかわらず、結果的に改良工事はせず、さらに基本設計とボーリングの柱状図を精査してわかったことですが、水門を支える支柱がN値の高い堅固な支持層まで届かない設計になっていたことでした。粘土の摩擦によって支柱を支える「摩擦杭」という方式をとっていたのです。

専門家の意見を聞く必要があると考え、国土交通省の研究機関にまで行き、地盤研究領域長という肩書の工学博士に話を聞きました。

委員会の質疑の後にオリ・パラ準備局の幹部から土木工学の話になってびっくりしたとの感想をもらいましたが、こうしたところまで徹底して調査するのも共産党らしさです。

なお、海の森水上競技場問題では、仮設スタンドの設置が予定されているコース南側がいまでも廃棄物処分場であり、競技場としての使用に不適切であり、見直すことを求めてきました。

4　障害者スポーツの普及促進を求める

私は、二〇一五年三月二十四日の予算特別委員会で、障害者スポーツの促進について取り上げました。オリンピック・パラリンピックの成功とは、大会自体の成功とともに、大会を通じていかに都民のスポーツ参加を促進するかにあります。しかし質問でも紹介しましたが、文部科学省の調査をみると、週に一～二回スポーツやレクリエーションをした人の割合は成人一般では四七％ですが、障害者は約一八％と報告されています。また、いまだに障害者のスポーツ教室が取り組まれていない区市町村が残されているのが現状です。

同時に、障害者スポーツに取り組んだ方の本を読んで、たとえ障害があっても、個別の支援によって持てる能力を引き出すことが可能であることを知りました。例えば、身体に重い障害があり歩行が困難な人でも、水中では浮力を利用して泳ぐことが可能であり、教師の指導によって、水泳大会でみごとに五〇メートルを泳ぎ切った事例には感動しました。また、小児麻痺で学校の体育はいつも見学だった女子生徒の、シンクロナイズドスイミングを通じて水の中で新しい世界が広がったという手記にも大変感動しました。国際パラリンピック委員会（ＩＰＣ）のフィリップ・クレイバン会長は新聞の取材に対し、身体の不自由を気にするより使える部分を最大限生かすことの重要性を強調していましたが、まさにそのための支援がいま必要だと痛感しました。

しかし、都立特別支援学校の教師の方から話を聞いたところ、プールに加温装置がなく水泳の授業を行える期間が短い、教室そのものが足らず運動するスペースがない、運動用具も更新されないなどの実態が訴えられました。そこで調べてみると、都内の特別支援学校五十六校のうち、プールに屋根のある学校は十九校、加温装置がある学校は三校しかないことがわかりました。

私は予算特別委員会で質問に立ち、こうした問題意識で舛添知事の認識をただすとともに、区市町村への支援強化、特別支援学校での障害者スポーツの推進、プールの加温設備整備促進などを求めました。そして最後に、パラリンピックを通じて障害者の雇用や社会参加など障害者施策全体の向上を図るべきと主張しました。こうした質問のなかから、特別支援学校に関する質疑を紹介します。

吉田委員　…次に、特別支援学校について質問させていただきます。

特別支援学校は、障害者スポーツ推進の上で大きな役割を果たしてきました。生徒の可能な能力、例えば、手が動く人は手で、足が動く人は足でサッカーをするというハンドサッカーも特別支援学校の先生方の努力で開発をされたもので、多くの生徒に喜ばれています。

障害者スポーツ振興の上で、一万二千人もの生徒が学ぶ特別支援学校での障害者スポーツの取り組みをより強化することが重要と考えます。ただ、そのためには、施設の改善、運動用具の拡充が求められていますけれども、どうでしょうか、お答えください。

比留間教育長　都教育委員会は、東京パラリンピックに向けて、特別支援学校における障害者スポーツの振興を図るため、来年度、スポーツ教育推進校十校を指定して、障害のある子供がスポーツに親しむ教育を進めてまいります。…今後、推進校における取り組みの成果を他の特別支援学校に広げてまいります。

吉田委員　特別支援学校での障害者スポーツの上で、プールの改善は急務だと思います。障害者のプールでの活動は、重度の肢体障害でも練習を重ね、泳げる取り組みが広がっています。ハロウィック水泳法というものも確立されています。特別支援学校の子供たちのプールにおける活動について、どのように考えているのでしょうか。

重い障害児でも、可能性を生かす理念に立てば、夏の時間だけではなく、一定の水温が保たれ、恒常的にプールを使えることが求められています。今後新たに整備する特別支援学校のプールについて、当然そのような利用ができる整備がされるべきと考えますが、いかがでしょうか。また、障害者スポーツ振興の視点から、地域の障害者にも開放すべきと考えますが、どうでしょうか、お答えください。

比留間教育長　…都教育委員会は、障害種別や立地条件等に応じてプールを屋内に設置し、必要な場合には、水温を上げるための加温設備を整備して、外気温の影響を少なくする工夫を行い、水泳指導の円滑な実施を図っております。本年四月に開校予定の都立水元小合学園の屋内プールにつきましても、加温設備を整備する計画であります。また、これらの設備を有効に活用して、地域の障害者へのプール開放を進めているところでございます。

吉田委員　…パネルをぜひ紹介いたします…これは、都内の特別支援学校五十六校の中で、屋根がないのが青印、屋根ありが緑印、そして屋根と加温設備があるものは赤印ということで印をつけたものです。この図を見ても明らかなとおり、屋根がある学校は十九校で二十一施設、そして、加温設備がある学校はわずか三校しかありません。…

…新設はもちろんですけれども、…既存校への加温装置の整備を私はぜひ進めていただきたいと思いますが、いかがでしょうか。

比留間教育長　…引き続き、各学校の実情を踏まえて適切に教育環境の整備を行ってまいります。

吉田委員　…調べてみましたら、これは新設の場合ですけれども、加温設備を一カ所整備するのに、予算的には約六百万円だそうです。例えば、十校整備する場合では六千万円です。

…

…知事としてのイニシアチブを発揮していただきたいということを述べさせていただきます。…

次に、知事に伺いたい点があります。それは、昨年来日したＩＰＣのアポストロス・リガス知識管理部長は、二〇二〇年東京パラリンピックに向けたオリエンテーションにおいて、パラリンピックを通じて障害者の見方を変えて、雇用や社会参加の拡大につなげ、他の国へバリアフリーのモデルを提供したりすることが使命と強調したと報道されています。開催都市への重要なメッセージだと思いますけれども、知事、これをどのように受け止めていらっしゃるでしょうか。

舛添知事　…二〇二〇年の東京パラリンピックの開催に向けまして、障害者スポーツの普及啓発や、ハード面のバリアフリー化の一層の推進に加えまして、私がいつもいっていますように、心のバリアフリーを日本中に浸透させて、障害者が社会参画しやすい環境を整えるべきだと考えております。…

4章

震災対策
耐震化、予防対策の強化を迫る

二〇一一年三月十一日、東日本大震災が発生。私はこのとき、防災対策を所管する総務委員会の委員でした。被災地への救援と東京に避難された方への対応、そして東京の防災対策の総点検など、ただちに対応が求められました。

1 避難者の声を聞き手厚い対応を求める

真っ先に求められたのは、東京電力福島第一原子力発電所の重大事故によって東京に避難を余儀なくされた方々への対応でした。私たち都議団は、手分けをして避難先の施設を訪ね、激励するとともに、要望を聞いて回りました。そして出された要望にもとづいて、連日のように都総務局に申し入れを行いました。

私は、調布市にある味の素スタジアムを訪問し、部屋をまわって意見や要望を聞きました。そのなかで驚いたことは、食事が出ないという訴えでした。原発事故による避難者はお金をもっているから、食事を提供する必要はないと言われたというのです。さらに痛ましく思ったことは、広い体育館の片隅にいた母親からの話でした。子どもに障害があり、周りの方に迷惑をかけるから肩身が狭くつらいというのです。

私はすぐに、東京と同じように避難者を受け入れている自治体に問い合わせを行いましたが、新潟市では朝昼夕の三食を提供していました。また、東京の公営住宅提供戸数が他府県と比べて少ないこともわかりました。日本共産党都議団は、こうした他県の例を示し、ただちに食事の提供や、近くの銭湯での無料入浴の実施、都営住宅などへの一刻も早い入居促進などを都の総務局に申し入れました。その後も、避難施設を訪問するなかで寄せられた声を整理し、繰り返し申し入れを行っています。

同時に私は一人の都民としても何かしなければと思い、ある行動を起こしました。それは、東京でも評判の杉並区内の和菓子屋さんの「どら焼き」を届けることでした。福島県出身のくすやま美紀杉並区議会議員と相談し、彼女は百五十個のおにぎりを、私は百五十個のどらやきを買い集め、車で味の素スタジアムに届け、ロビーのテーブルに置

避難施設へどら焼きを届ける。

かせてもらいました。避難者の方がうれしそうにどら焼きを受け取ってくれる姿を見て、ささやかではありましたが、都民の思いは伝わったかなと思いました。

避難者のナマの声と実態にもとづく私たちの申し入れに、東京都も対応し、食事や入浴の支援が始まり、都営住宅の入居枠も拡大されていきました。その後もさまざまな要望が寄せられ、日本共産党都議団はいまでも、支援の取り組みを続けています。二〇一七年二月には、原発事故による福島県からの自主避難者の居住支援の申し入れを、小池知事に行いました。

2 「自己責任第一」からの転換、予防対策の抜本強化を

一九九五年一月十七日の阪神・淡路大震災以降、防災対策では全国的に自助・共助が重視され、自治体の責任は自助・共助を補完し助ける「公助」という概念が強調されました。東京都の場合はそれ以上に、石原知事による震災予防条例の全面改悪によって「自己責任が第一」とされ、木造住宅の耐震化への支援や都営住宅の耐震化など、公的な予防対策は他県に比べ大幅に遅れる事態となっていました。

それだけに東日本大震災を機に、自己責任第一という災害対策基本法にも反する方針の転換が求められていました。しかし震災後に都が発表した「東日本大震災における東京都の対応と教訓」（二〇一一年九月）でも、もっぱら応急対策が重視され、木造住宅の耐震化支援の強化などは打ち出されませんでした。

「対応と教訓」が議題となった二〇一一年十月四日の総務委員会で、私は、条例で「都のように自助というものを一般論ではなくて、自己責任原則というふうに明記して、第一というふうに規定しているのは、他の道府県の条例で例がないのではないか」と質問。総合防災部長は十八の道県で条例が定められており、自助・共助の重要性と行政の責務を定めていると言いつつ、「自己責任を第一と、このように表現している条例はありません」と認めざるをえませんでした。さらに部長が自己責任のみを強調したものでないと答弁したことに対し、二〇〇〇年の所信表明で石原知事が「みずからの生命はみずから守るという自己責任の原則を基本理念にすえ」と強調していたことを紹介。「いま見直す時が来ているのではないか」と迫りました。

地域防災計画の修正素案が議題となった二〇一二年十月五日の防災対策特別委員会で私は、素案が引き続き防災理念の第一は自己責任としていることを取り上げました。明確にしたのは、都道府県の防災計画を規定している災害対策基本法に、防災の理念として第一が自己責任という規定はあるのかという点です。笠井謙一総務局長は、さすがに住民の責務に関して「防災に寄与するよう努めなければならない」と規定しているとしか答えられませんでした。第一は自己責任という規定は、災害対策基本法からも逸脱しているのです。

また、石原知事が自助・共助の重視が大震災の生きた教訓であると強調したことをとりあげ、事実に反すると指摘しました。それは阪神・淡路大震災の折、直接死五千四百八十三人のうち、建物の倒壊による窒息死、圧死、外傷性ショック死が四千四百四人で八〇％に及んだことです。私は、建物の倒壊防止の重要性をどう認識しているのかと質問しましたが、総務局長は「建物の耐震化は重要である」「到達目標を定め、耐震化を推進する」と答弁しました。

さらに、素案が示した想定死者数六千四百人の減少計画を見ると、建物の耐震化・不燃化が五千九百人で約九二％、重要ですが初期消火などの効果は五百人と七・八％になっていることを紹介。したがって、自己責任第一ではなく、都が建物、住宅の耐震化などをいかに促進することが重要であるかが、素案の目標から見ても明らかだと強調しました。

都営住宅の耐震促進を

「自己責任が第一」という方針のもとで、公共施設の耐震化など予防対策は後退していました。

私が代表的課題として取り上げたのが、都の直接的責任が問われる都営住宅の耐震化と、東部低地帯の河川堤防の耐震化の遅れについてです。

私は二〇一一年十一月九日の決算特別委員会で、この問題を取り上げました。都営住宅は二十六万五千戸ありますが、そのなかでいまだに耐震化がされていない戸数はどれだけか、ただしました。すると、新耐震設計基準で設計された住宅および建て替え対象となっている都営住宅を除く約十三万六千戸のうち十万九千戸で耐震診断を実施したところ、耐震改修が必要なものは約八万二千戸あったという答弁でした。

診断した七五％で耐震改修が必要だったとすれば、耐震改修をしなければならない戸数は十万戸を超すことになります。ところが、都市整備局のこれまでの耐震化計画では、当面九割の耐震化目標で、戸数では五万戸を想定していたのです。これでは九割の耐震化などとうてい達成できないことが明らかになりました。どう対応するのかという私の追及に飯尾豊都市整備局長は、「今後の耐震診断の状況を踏まえまして、…見直しを行う」「目標でございます耐震化九〇％以上を達成できるよう、耐震改修を計画する」と答弁しました。

さらに私が指摘したことは、そもそも耐震改修は計画どおり進んでいないではないかという問題です。前年度（二〇一〇年度）までに一万二千戸が目標でしたが、実際には一万戸に達しなかったのです。また、前年度の緊急輸送道路沿道都営住宅の耐震化完了目標は七十一棟でしたが、完了及び工事中は十九棟でした。したがって、計画を引き上げるとともに、それに見合った「集中的な財政投入や手立てを図る必要」があることを強く求めました。

その後都市整備局は、質疑の翌年にあたる二〇一二年七月、「都営住宅耐震化整備プログラム」を改定。新たに八万二千戸を対象に耐震改修や建て替えを実施し、二〇二〇年度に一〇〇％耐震化をめざすことを打ち出しました。東京都が予防対策でその責任を果たすという点では新たな一歩だったと思います。

都市インフラ・堤防の耐震化

都が耐震化の責任を果たすという点で、決算特別委員会でさらに取り上げたのが、都市インフラの耐震化、なかでも急務となっている東部低地帯の河川堤防の耐震強化問題でした。東部低地帯は、地盤沈下の進行で地盤高が満潮時の水位より低い、いわゆるゼロメートル地帯なだけに、堤防の耐震強化は周辺住民にとっては切迫した課題です。しかし堤防の耐震強化は遅れ、なかには堤防に何カ所もヒビが入って水が染み出してくるなどの苦情が住民から寄せられる堤防もあり、私は足立区選出の大島よしえ都議らと調査に行き、都建設局に対応を求めてきました。

私は初めに、いわゆるレベル１（施設の供用期間中に発生確率が高い地震動）への耐震化がされていない堤防はどれだけ残されているのかただしましたが、なんと総延長約一六五キロメートルのうち、「対策が未完了な延長は、平成二十二（二〇一〇）年度末で約六八キロメートル」という状況でした。

しかも問題は、整備事業の進捗がきわめて遅いことです。最近三年間の整備実績はわずか四・四キロメートルでした。一年で約一・五キロメートル弱ですから、六八キロメートルを整備するのに四十六年かかる。計画では平成二十二年度までに堤防の耐震化は完了するとあるが、「いつまでにどういうペースで進めるのか」と質問しました。村尾公一建設局長は、「あくまでも財源確保をいかにしていくかということが極めて重要…目標に向け、計画的に整備を進める」と決意は述べましたが、要は財源確保しだいということでした。

私は、六八キロメートルも残されていること自体が驚くべきことであり、「年次計画を明確にして耐震化を急ぐことを強く求め」るとともに、「レベル２（将来にわたって考えられる最大級の地震動）にも対応できる耐震化についても検討が求められているが、いかがか」と質問しました。国土交通省は、堤防など河川施設の耐震化について、レベル１対応にとどまらず、レベル２への対応を二〇一二年二月の「指針」で示していたのです。建設局長もこれを承知ですから、

「耐震性の強化について具体的に検討してまいりたい」と答弁しました。

その後、東京都建設局は、二〇一二年十二月に「東部低地帯の河川施設整備計画」を発表しました。

3 木造住宅耐震化に背を向ける態度の転換を迫る

住宅の耐震化促進は、地震被害軽減のために最重要ともいえる課題です。しかし石原知事が進めた自己責任第一の路線によって、木造住宅耐震化の取り組みは他の府県と比べて最も遅れた事態となっています。それだけに、日本共産党都議団は、代表質問でも一貫して耐震化への補助対象地域の拡大、補助額の引き上げなどを求め、論戦をしてきました。私も、総務委員会とともに二〇一四年三月二十五日の予算特別委員会で、この課題にしぼって全面的な論戦を行いました。

私は、都の木造住宅耐震改修助成の取り組みが「これが東京全体の数値なのか目を疑うほど低い」と指摘し、実態を紹介しました。二〇一〇年度からの三年間で助成実績はわずか五百二十一件、同時期の静岡県の実績が五千三百九十件。東京の件数は静岡県の十分の一で、補助金の執行額も静岡県の一五％という実態でした。

耐震化の実績がなぜ低いのか。理由の一つは、耐震化助成を受けられる地域がきわめて狭く限定され、木造住宅密集地域のなかでも、さらに特別の「整備地域」に限られていることです。私はパネルでいかに狭く限定されているかを示しました。都内の木造住宅密集地域は一万六〇〇〇ヘクタール、「そのうちの九〇〇〇ヘクタールが木造密集地域でありながら対象から外されている驚くべき実態なんです」。

なぜ助成対象を限定しているのかの質問に、藤井寛行東京都技監は、「広域自治体」であるため、「道路閉鎖」や「市街地火災を防止する」という「公共性の観点から」限定しているという驚くべき答弁を行いました。私はただちに整備地域以外の木造住宅に住む人の生命、財産について、「手を差し伸べる必要はない、公共性はないというのですか」と批判しました。

こうした都の考えは、他の道府県とくらべて異常です。私は、京都府の耐震助成制度を例にあげ、その目的に「地震による建築物の倒壊等から府民の生命、身体及び財産を保護するため」と掲げられていることを紹介し、次のように主張しました。「同じ府民なら、あるいは都民なら、地域の違いがあったとしても、生命、財産を守るために助成を受けることができる、あるいは行政は助成をする、これは当然のことではありませんか。…定めた地域以外は助成する必要はない。

それで命が守れるのですか」。

藤井技監は、「各地域の実情を踏まえて、それぞれの自治体が主体的に進めているものと理解している」と答弁したので、私は国も東京都のような考えはとっていないと指摘し、国が行っている住宅耐震化助成自治体への交付金事業では、「地域指定についても定めていないのではないか」と質問しましたが、さすがに技監は、「地域についても同様に定めはございません」と認めました。

また、木造住宅耐震改修助成を実施している道府県のなかで、一番危険な地域以外は公共性がないということで支援しない、区市町村に任せるという対応の道府県があるのかと質問しました。答弁は四十一道府県が助成を実施しているが詳細は承知していないというものでしたが、日本共産党都議団が政令指定都市をもつ道府県に調査した結果では、地域指定をしているところはありませんでした。

さらに私は、財政運営という観点からも「地震で倒れる前に、倒れない家にするために助成することこそ、効率的、効果的だという事実に目を向けるべきだ」と主張し、静岡県が耐震助成について検討した報告書では、人命を守ることが地方公共団体としての基本的な責務であるからというばかりではない、多数の人が住宅を失えば、仮設住宅、復興住宅の建設などに多額の財政負担が生じ、重大な影響があるからだと述べていることを紹介しました。

また東京都防災会議、中央防災会議の一員である中林一樹氏は著書で、倒れてからの支援よりも、倒れる前の補強への支援こそが大切だと述べ、被災した場合には、応急仮設住宅と生活支援の諸費用全体で少なくとも一世帯一千万円を超えると紹介しているのです。別の専門家は、兵庫県での阪神・淡路大震災による復興住宅などの経費は一戸あたり土地代を含め三千万円を超えると分析しているのです。

私は、中林氏が、耐震化を進めて、被災後も自宅の修繕で住み続けられる程度まで耐震補強が進めば、諸費用の有効利用となるとともに、被災者の生活の維持確保が進み、それは高齢者などの震災関連死の低減になると提起していることを紹介し、こうした指摘への見解を問いました。しかし、都技監は答えず、これまでの「公共性の高い施策を重点的、集中的に実施している」と答弁をするだけでした。

最後に私は舛添要一知事の見解を求めました。「知事は、施政方針でも、知事の最大の使命は、都民の生命と財産を守ることといいました。都民の生命と財産がかかっているのです。地域限定はやめて、耐震化助成の大幅拡充の検討を直ちに行うべきではありませんか。…知事ご答弁ください」。

ところが舛添知事の答弁は驚くべきものでした。自助・共助・公助の原則を述べた後「一番問題なのは、財源をどうするかということ、タックスペイヤーについての公平な議論ができるかということ、これは毎回申し上げて――お金が天から降ってくれれば誰も苦労しません…税金をいかに有効に、公平に使うか。しかし、その使い道は、選挙で洗礼を受けて当選した私、都知事が決める、こういうことであります」。

すでに質問時間が切れる寸前でしたが、私は次のように発言して質疑をしめくくりました。「まさに私は、知事としてどこに優先的にお金を使うのかということが問われていると思うんですよ。東京都はわずか四千七百万円ですよ。静岡県は三億円を超えてお金を投入しているんですよ。やりくりできないわけないじゃないではありませんか。知事の公約がかかっているんですよ。そのことを重ねて強く要求して質問を終わります」。

防災問題では、こうした論戦とともに、日本共産党都議団として積極的な提案を行うことが求められていると考え、二〇一一年十一月二十一日に『東京都防災対応指針（仮称）』策定への提言」をまとめ、東京都に提出しました。提言は三十一ページに及ぶもので、予防対策では、住宅や学校施設、都市インフラの耐震化への提案だけでなく、鉄道の安全化やコンビナートの防災などの項を立て提案するとともに、消防、地域防災力、さらに避難所、障害者・高齢者対策、原子力災害対策など、多面的、総合的な提案でした。いま読み直しても、よくこれだけ提言としてまとめたものだと思います。もちろん、こうした全面的な提言を提出したのは日本共産党都議団だけです。初めて検討する課題も多く大変な作業でしたが、都議団事務局で総務委員会を担当していた栗原淳介さん（現・党東京都委員会常任委員・政策部長）、そして都市問題を担当していた中本太郎さんが大きな役割を果たしました。

なお、二〇一八年度東京都予算原案では、優先整備地域以外の住宅にも耐震助成を行うことが打ち出され、新たに七億円の予算が計上されました。まだ第一歩ですが、日本共産党都議団の論戦が、対象拡大を拒んできた東京都をついに動かしたのです。

5章

国家戦略特区、神宮外苑開発、外環道問題

1 国家戦略特区による過剰な都心開発をただす

異常な大手デベロッパー優遇策

安倍晋三首相のもとで、首相の友人が理事長を務める加計学園への優遇措置が大問題になっています。その土台となっているのは、首相が進める国家戦略特区制度です。国際競争力強化のために「あらゆる岩盤規制を打ち抜いていきます」——首相官邸のホームページでこう強調されています。

この国家戦略特区によって都市のあり方が歪められ、大手デベロッパーが異常なまでに優遇される事態が大規模に進行しているのが東京だと思います。これは、私が退任する直前に東京都都市計画審議会委員を務めた際、国家戦略特区法に基づいて付議された案件の質疑を通じて痛感しました。

二〇一七年五月の第二百十七回東京都都市計画審議会では、国家戦略特区法に基づいて付議された案件が二つ議題となりました。一つは三井不動産などが進める東京駅前八重洲二丁目中地区の再開発事業、もう一つは、森ビルが虎ノ門・麻布地区で進める再開発事業で、容積率などを大幅に緩和する都市計画の変更です。

質疑で明らかにしましたが、いずれも異例の優遇策です。八重洲中地区の場合、容積率を八〇〇％から一六七〇％へと約二倍、高さ制限は五六メートルから二四〇メートルと約四倍に引き上げるものです。虎ノ門・麻布地区の場合、全体の容積率は三五〇％を九九〇％と約三倍に引き上げ、高さ制限を三三〇メートルに引き上げるものです。

これだけ容積率を引き上げれば、デベロッパーが莫大な利益を得ることは明らかです。私は質疑のなかで、デベロッパーはどれだけ利益を得るかを私なりの素朴な計算で示しました。八重洲中地区の場合、容積率の引き上げによって生み出される増加分の床面積は一六万九六五〇平米です。平米単価月五万円で賃貸すると、増加分だけで賃貸料は月額二十五億六千五百八十円、年間で計算すると三百七億円になります。

私は、なぜ優遇策をとる必要があるのか、なぜ容積率が二倍、三倍なのか、具体的根拠の説明を求めました。しかし都市整備局の上野雄一幹事の答弁は、バスターミナルの整備や、歩行者ネットワークの整備などをあげ、「当地域における当計画の都市再生への貢献内容を総合的に評価した結果、先ほど申し上げた容積率の最高限度額を設定したものでございます」というものでした。私が質問した、なぜ容積率を二倍に引き上げ、一六七〇％にしたのかに対する具体的根拠は示されませんでした。

関連して次に質問したのは、今回提案されている容積率は、事業者、すなわち三井不動産から提案されたものか、それとも東京都が提案したものか、どちらですかということでした。答弁は、「事業者から様々な相談や協議を経まして、事業者において都市計画の素案として取りまとめられているものでございます」ということでした。結論的にいえば、事業者である三井不動産からの提案なのです。実は、この議案審査のために都市計画審議会に出されている資料は、東京都の素案ではなく、事業者が作成した素案でした。私はこの質疑を受けて、「結局、事業者の要望を、ある面、うのみにしたというふうな疑念も生じざるを得ません」と指摘しました。

優遇の根拠に関連して次に質問したことは、この計画で都が評価し、優遇する事例の一つとしてあげた再開発ビルのなかに、インターナショナルスクールを設けることについてです。私は、「国際競争力の強化」、すなわち外国企業の誘致にあたってインターナショナルスクールへの要望が実際に高く、高い評価に当たる事項なのか、質問しました。幹事は、インターナショナルスクールについては「都心部への立地が望まれており」、サービスアパートメント（ホテルのようなフロントサービス付きの外国人向け家具付きマンション）も現状では「満足度は低い傾向にあり、利便性の高い居住環境の整備が求められており」と紹介し、それだけでなく「総合的に評価・判断」して定めたと答弁しました。

私は、経済産業省が毎年発表している「外資系企業動向調査」の二〇一六年調査結果を見ると、日本で事業展開するうえでの阻害要因としては、「外国人の生活環境」は九・七％と九位にすぎないことを紹介。そして、阻害要因の一位は「ビジネスコストの高さ」で七四・六％、二位が「日本の市場の閉鎖性・特殊性」であること、さらにビジネスコストの阻害要因では、一位に「人件費」、三位には「事務所賃料」があげられていることを紹介しました。

以下、私の質問を議事録から抜粋します。

吉田委員　これだけ容積率を引き上げることによって、地権者は莫大な利益をえることができるわけですけれども、それだけの優遇策をすることによって、例えば外資系企業が入所する際、事務所賃料を下げるという仕組みになっているのでしょうか。

上野幹事　具体的なテナントさんに関しまする賃料につきましては、事業者において相手方との関係の中で設定するものと考えます。

吉田委員　結局それは、事業者、地権者のための優遇策にすぎないというふうに、私は言わざるを得ない。

都心の自動車交通量増加へ

虎ノ門・麻布地区議案の審議でも、優遇策の根拠をただすとともに私が重視したことは、ビルの超高層化、容積率の大幅引き上げによって自動車交通量が増加する問題です。私は、この虎ノ門・麻布地区再開発によって発生する自動車交通量、さらにこれまでの都市再生特別地区での再開発事業三十八カ所全体による自動車発生交通量について質問しました。

幹事は、虎ノ門・麻布地区の計画では、平日一日当たり約一万六千六百五十台、既に決定している都市再生特別地区三十八地区四十二のプロジェクトの合計は一日当たり約十九万台と答弁しました。

そうすると今回の二カ所（八重洲中地区は一万三千台）を足すと都市再生特別地区による自動車発生集中交通量は約二十二万台となります。私は、東京外かく環状道路（外環）の関越道～東名高速間の予測交通量が約七万台程度だと思うが、その三倍もの自動車交通量が都市再生特別地区によって発生することを示し、都が都心への通過交通の流入を理由に外環など環状道路の整備をごり押ししながら、他方では都心への自動車交通の集中を加速していることを厳しく指摘しました。

税制上でも優遇策が

私は、決算特別委員会（二〇一二年十月十九日）の場で、再開発事業者に対する優遇税制についてもとりあげました。国家戦略特区は、特定都市再生緊急整備地域の指定とほぼ重なっています。この特定都市再生緊急整備地域内で一定の要件を満たしたビル建設を行った場合、事業者は、優遇税制を受けることができるのです。

税制上の優遇策は、不動産取得税を半分に軽減、固定資産税と都市計画税は五年の間に半分に軽減するものです（「特定」がつく以前の都市再生緊急整備地域では、不動産取得税の軽減は五分の一、固定資産税等は五分の二でした）。

質問で確認したかったことは、実際にどの程度の減税になるのかです。質問時点では「特定」のつかない緊急整備地域に対する減税でしたが、宗田友子税制部長の答弁では過去五年間で十棟に対し不動産取得税の軽減は約十二億円、固定資産税、都市計画税の軽減は七億九千万円でした。現在ではさらに大幅な減税が再開発事業者に行われているのです。

このように国と都は、大手デベロッパーに対し、容積率の引き上げによって従来の二倍、三倍もの利益を保証するだけでなく、さらに不動産取得税や固定資産税、都市計画税も半分に軽減する。まさに至れり尽くせりの優遇策が行われているのです。しかもその結果、都心の再開発が加速され、自動車の交通量が急増し、都市環境の悪化がエスカレートするのです。

2 神宮外苑開発、日体協新会館建設をめぐる不可解な問題

歴史的景観が壊される

都市開発をめぐって私が強い関心を寄せ調査を始めたものの、本格的な調査追及が残された課題に、神宮外苑の再開発問題があります。神宮外苑地域は、歴史的な景観が守られ、風致地区に指定されている都内でも貴重な地域です。その神宮外苑に、巨大な新国立競技場だけでなく、次々と超高層ビルやマンションを建てる計画が進んでいます。さらに、同地域に移転し新会館を建築中の日本体育協会（日体協）に対する都の対応はきわめて不可解であり、行政としての公平性が問われる問題があるのです。

そもそも神宮外苑の再開発をめぐっては、電通が再開発の企画提案書を作成し、地権者等に持って回るなどの動きがあったと報じられるなど、以前からさまざまな策動がありました。私が見た電通の「企画提案書」は、「GAIEN PROJECT　21世紀の杜」（平成十六年六月）と題するもの

で、「スポーツ施設段階的新設」とともに、「収益施設（オフィス・コンドミニアム）（ショップ・スポーツ施設）」「ツインタワーゲート（鳥居・凱旋門）（タワー型オフィス）」などという構想が盛り込まれていました。

この企画提案書がその後どうなったかは不明ですが、神宮外苑再開発はすでに動き出しています。しかも、都はきわめて積極的です。日本スポーツ振興センター（ＪＳＣ）のテニスコート、外苑ハウス（マンション）、都立明治公園こもれびテラスなどだった地域は、すでに容積率を緩和して、高層ビル、マンションの三棟が建築されようとしています。ＪＳＣの新本部棟（日本青年館と合同）は、地上十六階で高さ六九メートル、外苑ハウスは地上二十二階で高さ八〇メートル、そして日本体育協会（日体協）と日本オリンピック委員会（ＪＯＣ）の新会館は地上十四階で高さ六五メートルです。さらに、旧神宮プール跡地に三井不動産の提案で地区計画が変更され、地上十三階建て、高さ約五〇メートルのホテル建設が計画されています。

これらの地域はすべて「風致地区」に指定されており、一五メートルの高さ制限（第二種風致地区）がありながら、都が事業者の要望を受け規制を大幅に緩和しているのです。ホテル計画が議案となった都市計画審議会（第二百十六回）で私は、なぜ緩和したのか質問しましたが、幹事の答弁は、「今回の計画変更（ホテルの追加）は…本地区地区計画の方針等に沿って」おり、風致地区は「計画的なまちづくりが行われる場合には緩和が可能となっております。本計画はこれら風致地区の許可基準に適合している」ということでした。結局、都は、地区計画に沿っていれば、風致地区の基準は破って問題ないという態度でした。

さらに、青山通りから秩父宮ラグビー場、神宮球場、神宮第二球場までのエリアでは、二〇一五年四月に東京都が関係地権者を集めて「神宮外苑地区まちづくりに係る基本覚書」を締結。覚書では、都と関係地権者は、地区計画に定めた目標を実現するために誠意をもって協議を進めることが確認されました。そして四月の検討スタートにあたって、地権者でもない東京都が、なぜか神宮球場と秩父宮ラグビー場を交換し、まず秩父宮ラグビー場を取り壊した跡地に神宮球場を整備、その後、旧神宮球場を取り壊しラグビー場を整備するという案を提案しています。その後の検討がどのように行われているかは、情報開示請求を行っても明らかにされていません。これまでの経過からすると、神宮外苑の歴史的景観が破壊されかねないことは明らかです。

日体協の新会館建設をめぐる不可解の連続

次に、日体協の新会館建設への異例ともいえる優遇策についてです。日体協は、現在、原宿駅近くの渋谷区神南に本部会館（岸記念体育会館）がありますが、神宮外苑に新たな会館を建設しています。問題は、そのために都が現在の土地の用地買収費や移転補償費を支払うだけでなく、次の移転用地まで提供するなど、全面的支援を行っていることです。しかも、公然と日体協の新会館建設のためという理由を明らかにできなかったのか、まったく別の理由で事業を行い、結果的に日体協に協力するという不透明なやり方になっています。時間を追って経過を説明します。

【五輪の運営用地が必要という理由で、日体協に立ち退き費用百二十三億円が】

日体協が、東京都に現在の岸記念体育会館の土地を買収してもらい、移転補償費も得るためには、都が現在地を新たに代々木公園（都の所有地）の一部として整備するという決定が必要でした。自発的に立ち退いても、日体協は、東京都から用地買収費、移転補償費などを手にすることはできません。

そこで何が起きたのか。二〇一五年十二月一日、東京都は、岸記念体育会館の敷地を突然、代々木公園の優先整備区域に指定したのです（公表は十二月十五日）。しかし岸記念体育会館の土地は代々木公園本体とは道路で分離されており、整備の優先性は考えられません。急きょの部分指定は、どのように理由づけられたのか。

その理由づけは、国立代々木競技場で行われる東京オリンピックのハンドボール競技の運営用地が必要だということでした。二〇一五年八月七日、組織委員会会場整備局長名で、東京都オリンピック・パラリンピック準備局長に対し、「代々木競技場隣接地に関する検討について（依頼）」と題する文書が送付されました。文書は、岸記念体育会館の敷地部分を地図で示すとともに、わざわざ「都所管局にて、ご検討をお願いします」とまで立ち入った要請文でした。しかし用地確保の要請なら、組織委員会は東京都ではなく日体協に行うべきものです。

運営用地が必要であったと仮定しても、代々木競技場周辺には代々木公園のオープンスペースが広がっており、ほかに確保できる土地はあります。日体協やＪＯＣが入っている岸記念体育会館に対し立ち退いて運営用地に提供してほしいと要請することは、きわめて不可解です。しかも、二〇一八年一月時点でも、日本共産党都議団の問い合わせに対し都は、岸記念体育会館の敷地部分をオリンピック・パラリンピック開催時に何に使うかは不明と回答しているのです。

手続き上は、この依頼に基づいて公園計画を所管する都市整備局に検討が依頼され、都市整備局は組織委員会の依頼からわずか四カ月後に岸記念体育会館の部分を優先整備区域に指定し、同会館の立ち退きが決まるのです。そして都の二〇一八年度予算案には、同会館の用地買収費、移転補償費として百二十三億円が計上されており、予算が可決されれば、日体協はこの金額を手に入れることができるのです。組織委員会が日体協の意向を受けてこうした依頼をしたとすれば、大問題です。

ちなみに、組織委員会の会長森喜朗氏は日体協の元会長で、創立百周年記念事業の実行委員会会長でもあり、岸記念体育会館の建て替えは百周年記念事業でした。

【移転先の土地も都が区画整理事業で準備】

さらに、日体協が新会館を建てる神宮外苑の土地も、東京都が準備し譲渡する予定となっています。都はそのために都立明治公園こもれびテラスを廃止するとともに、二〇一五年十二月から譲渡予定地で区画整理事業を行い、移転予定地内にある外苑ハウスの土地（通路）と都営住宅の土地の一部を交換し、都有地の一体化を図ります。

ちなみに区画整理事業の事業目的は、「歩行者ネットワークの一環となる空間を確保」となっているのです。私は二〇一六年第一回定例会にこの問題について文書質問を提出し、なぜこもれびテラスを廃止するのか、こもれびテラ

神宮外苑の日体協新会館の建設現場。

スを日体協などに譲渡する計画なのか質問しました。回答は、「公園区域の再編により廃止する」というもので、廃止理由の説明になっていません。譲渡については、「都は平成二十八年一月七日、こもれびテラスを含む区域を同協会に示し、移転の検討を進めることを了承しました」と回答しました。

【水面下で早い段階から準備】

全体の経過をみると、新会館建設事業は、異例なほどにスピーディに進みます（139ページの資料参照）。二〇一五年十二月一日に岸記念体育会館の敷地を代々木公園の優先整備区域に指定、同月十五日に区画整理事業を発表、この二つの発表を受けて十二月二十二日に日体協は神宮外苑移転への協力を都に要請。都は翌年一月七日に了承を回答しています。

実は、こうした表舞台での経過とは別に、水面下で早い段階から神宮外苑への移転計画が進んでいたのです。それを物語る資料を、神宮外苑をめぐる問題を一貫して調査している方から提供していただきました。それは、日体協が新宿区に出した新会館建設説明会の会場（新宿区の施設）の利用申込書で、日付は、二〇一五年十一月五日でした。まだ優先整備区域指定も決まらず、神宮外苑の区画整理事業も決まる前に、日体協がすでに神宮外苑での新会館建設準備をし、設計にとりかかっていたことになります。これは東京都側から内諾を得ていなければありえないことです。

また情報開示で示された別の文書をみると、実はすでに二〇一五年六月の時点で、区画整理事業で生まれる都有地を第三者に「譲渡」することを想定した協定書を、隣接する地権者であるＪＳＣおよび外苑ハウス管理組合と結んでいるのです。協定文の「甲」「乙」「丙」を組織名に置き換えて紹介すると、次のようになります。「東京都が所有する土地を第三者に譲渡する予定であることを都が明らかにした場合には、…日本スポーツ振興センター及び外苑ハウスは、譲渡が予定される第三者と連携・協力するものとする」。

こうした経過を見れば、都立明治公園こもれびテラスの廃止も含め、早い段階から岸記念体育会館の移転用地を都が準備していたことが推測されます。日本共産党都議団は、私の退任後もこの問題を重視して調査活動を進めており、より詳細な真相の解明が行われると思います。

〈追記〉

本稿執筆後、党都議団は、東京都と日体協との神宮外苑での新会館建設問題の協議は、二〇一一年から行われていたことを記者会見（三月十二日）で明らかにしました。その結果、都が私の文書質問にたいし事実を隠し虚偽の答弁をしていたことが浮き彫りになりました。さらに予算特別委員会（三月十三日）で、この問題に森喜朗元首相・組織委員会会長など政治家が深くかかわっていたことも明らかにしました。

（注）文書質問と都の回答（二〇一六年第一回定例会）

問　指定（岸記念体育会館敷地の優先整備区域指定）に先立ち、日本体育協会から都市整備局に対する相談や要請などの経過及び都の対応について時期を含め、伺う。

回答　都は、平成二十七年十二月一日に優先整備区域を設定しました。同月二十二日、日本体育協会から都に対し、岸記念体育会館の神宮外苑地区への移転要望が出されました。この要望を受け、都は平成二十八年一月七日、同協会が検討を進めることを了承しました。

資料●日本体育協会新会館の移転建設をめぐる経過

２０１３年５月17日　都市計画審議会で神宮外苑の地区計画を決定。日体協の移転予定地、外苑ハウス部分は高さ制限を八〇メートルに緩和。

２０１５年６月１日　都は神宮外苑の都有地譲渡を想定し、協力確認の文書を外苑ハウス、ＪＳＣと取り交わす。

８月７日　組織委員会から都オリ・パラ準備局に岸記念体育会館の敷地を指定して土

地確保を要請。

11月5日　日体協が新会館建設の説明会（2016年2月9日）のための会場（四谷区民ホール）の利用申請を行う。

12月15日　都市整備局は岸記念体育会館の敷地を代々木公園の優先整備区域にしたと公表（指定の決定は12月1日）。

都市整備局は「新宿区霞ヶ丘町付近土地区画整理事業の実施について」を発表。

12月22日　日体協が舛添東京都知事あてに「新宿区霞ヶ丘町付近への移転について（要望）」を提出。

2016年1月7日　都は日体協に対し、移転要望に「了承する」と回答。

2月2日　日体協は、設計概要を示した新会館建設計画をプレス発表。

3 外環、外環ノ2について

東京都市計画道路都市高速道路外郭環状線（外環）および東京都市計画道路幹線街路外郭環状線ノ2（外環ノ2）の問題は、私の地元杉並区にとどまらず、都政全体の大きなテーマでした。私は、まとまった質問は予算特別委員会で二回行い、石原慎太郎、猪瀬直樹両都知事と論戦を行いました。外環および外環ノ2をテーマにした文書質問は二回提出しました。

外環は環状の高速道路で、問題となっているのは、練馬、杉並、武蔵野、三鷹、世田谷、調布、狛江を通る関越道から東名高速までの区間です。本線は高架構造で、外環ノ2は、高架下の地上部の一般道路として計画されました。一九六六年に都市計画は決定されていましたが、住民の粘り強い反対運動で長期にわたり事業化は凍結されてきました。ところが石原知事が、地下道路にするから立ち退きはない、安心してくださいと表明。あわせて国土交通省が、従来の住民無視の進め方を反省し、住民参加の協議会で検討すると打ち出し、凍結を解除したのです。しかし都は、外環を地下道路に変更しながら、側道の外環ノ2は廃止せず、幅員四〇メートルの地上道路計画として残したのです。しかも、協議会での住民の意見は事実上無視して外環の着工を行うとともに、外環ノ2の整備も進めようとしているのです。驚くべき住民だましのやり方です。

石原知事のもとで強引に進められた外環整備

議事録を読み直して改めて認識することは、東京都、とりわけ石原知事が二〇一六年オリンピック東京招致をテコに強引に外環整備を推進したことです。それは、二〇〇六年三月十四日の予算特別委員会で浮き彫りになりました。

知事本局はこの委員会の直前、わが党に対し「オリンピック主要関係施設検討候補地図」を示して説明した際、外環は二〇二〇年完成予定だったがオリンピックのために四年前倒しすると説明しました。私たちは、オリンピックをテコに、住民の合意もなく、巨額な財政負担となる外環を推進することはとうてい見過ごせないと判断しました。委員会ではこの問題を取り上げ、なぜ完成期日を四年早めたのかを繰り返しただしました。ところが山口一久知事本局長は、「共産党に説明したのは承知しておりません」という答弁を繰り返すだけでした。共産党の議員ほぼ全員を対象にした説明会での発言を、追及されたら「承知していない」と言ってごまかす態度は許されないことです。

そして質疑を通じて、外環をごり押しする態度がはっきりしました。私は、国土交通省でさえ

「引き続き区市町村、地元住民から幅広く意見を聞きながら計画を具体化していきます」「環境への影響が重大だと判断した場合には、計画を止めることもあり得る」と広報誌『外環ジャーナル』に書いていることを紹介する一方、石原知事が二〇〇五年九月の記者会見で「外環道を断固つくる、ある程度見切りをつけても推進しなければだめだ、反対する者は論外だ」と発言したことを指摘。知事の発言に協議会参加者から批判の声があがっているが「住民との話し合いの場、そこでの合意、協議、そこを尊重すると知事言えますか」と質問しました。

ところが、石原知事は合意を尊重するか否かには答えず、「私は私の責任で国と交渉し、…強力に働きかけますし、実現してみせます」と発言。私は、知事の記者会見発言が問題になった協議会の場で都市整備局の課長が、「ぜひ住民の皆様方のご意見、自治体の意見を聞きながら今後とも検討を進めていきたい」と発言したことを紹介し、「そういう立場ですか、知事、立って言ってください」と再度ただしました。これに対する石原知事の答弁を紹介します。

石原知事　それは、その立場のお役人なら、そう言わざるを得ない。それを言うのは当たり前だ。その上に私が責任をもってほかのことをやるんですよ。

部下が住民と約束しても、自分は「責任をもってほかのことをやる」。驚くべき暴言でした。さすがに都市整備局長が「誤解があるといけないので、ちょっと知事の補足を」と答弁に立ち、「ご意見を聞いて、そして真摯に対応」と言いながら、「一日も早い完成に向けてやっていきたいというのが私どもも考えであって、知事の考えと全く同じです」と発言しました。

しかし、外環はオリンピック・パラリンピックに必要な道路ではないのです。私は二〇一三年二月八日のオリンピック・パラリンピック招致特別委員会で外環について質問しました。それは、立候補ファイルでは、道路整備計画のなかに外環が書かれていないことについてです。

吉田委員　今回、外環道を輸送インフラに記載しなかった理由についてお答えください。

福田スポーツ振興局施設計画担当部長　…大会時に確実な輸送を行う観点から、大会に直接的に必要とされるインフラを記載しております。このため、東京外かく環状道路については記載をしていないものでございます。

事業者の整備費負担はごく一部、大半は国民・都民の税負担の異常をただす

外環問題での予算特別委員会における二回目の質問は二〇一三年三月十二日で、猪瀬知事との

論戦でした。彼は小泉政権のときに道路公団民営化を進める推進委員会のメンバーとして「活躍」し、マスコミにも登場する道を開いた人物であり、外環についてどのような発言をするかが注目されました。

私は、猪瀬知事との論戦では、巨額な整備費の都負担を中心に質問しました。なぜなら、事業費総額（当時）は一兆二千八百二十億円、一メートルあたり八千万円と巨額ですが、事業者であり料金収入を受け取る高速道路会社の負担は、東名ジャンクションの整備費二千四百六十二億円のみ。残りの一兆三百五十八億円は国と都が税金を投入するというものでした。

吉田委員　知事、これが有料道路でありながら、当然だと、何ら問題ないというのが知事の認識なのでしょうか。ご答弁ください。

猪瀬知事　一兆二千八百億円かかる。外環がね。これは、当然そのぐらいかかるわけですよ。…この外環ができれば、外から入ってくる車が外環を通って、都心に入らないで外へ抜けていくわけですよ。…高速道路会社の負担は大体五分の一、二千五百、大体東京都も二千五百、そして国が七千五百と、非常によくできた配分だと僕は思っております。

私は、外環整備による環状八号線（環八）の渋滞解消について、次のように反論しました。「国土交通省の委託調査で、環八が、外環が整備されたときに、一キロメートル当たりどの程度時間短縮するのかということが書かれていますが、十二秒ですよ。三一キロメートルで短くなるのは六分ですよ。そのために、一兆二千八百二十億円投入することがいいのかということが問われています」。

猪瀬知事への最後の質問で、私は外環ノ2について取り上げました。「重大なことは、外環本線だけではなく、地上にも外環ノ2という幹線道路をつくることまで進めようとしていることです。…知事（石原前知事）がかつて記者会見で、皆さん心配ありません、もうどうぞ建て替えを進めてください、そういったわけですから、多くの皆さんはもう地上はないのかと思ったら、とんでもない地下の計画とあわせて地上が生き残って、これを東京都は進めようとしています。…猪瀬知事、この外環ノ2、地上まであなたはつくろうとするんですか。ぜひ前知事が行わなかった現地調査、行っていただきたいと思うんですが、知事、お答えください」。

知事は答弁に立たず、質問されないのに、都技監が立って時間短縮は誤認だと思うなどと発言。私は重ねて、「前知事は、現地を見ますという約束をしたんですよ」と答弁を求めました。すると猪瀬知事が立って次のような答弁をしました。以下、議事録を紹介します。

猪瀬知事　外環の話は、今いったように、外環を通れば早いんです。（吉田委員「外環ノ2を今聞いているんです」と呼ぶ）外環ノ2は、あくまでも、いわゆる通過道路じゃないんです。その地域、地域のために、結果的にそういう道路ができていくということなんです。以上です。

吉田委員　じゃあ地域が、うちは道路は要らないと言ったら、要らないわけですね。別々でいいわけですね。ばらばらで。もう一度お答えください。

しかし、知事はもう答弁に立ちませんでした。

小池知事に外環ノ2の再検討を求める

小池百合子知事は当初、すでに決定された道路計画についても見直すことがありうるとの発言をしていたので、二〇一七年第一回定例会（二月二十八日）のあぜ上三和子都議の代表質問で、外環ノ2について再検討することを知事に求めました。知事は、「地元区市と連携して、地域のさまざまな意見も聞きつつ、そのあり方を検討してまいります」と答弁しました。

あぜ上議員　…都は、地下トンネルへの外環本線の変更に当たり、なくなるはずの地上部道路の計画を外環ノ2として推し進めました。地元住民や区市からは、約束がちがうと厳しい批判が出されました。知事はこうした経過をどのように考えていますか。

最近の知事と市長の個別懇談で、武蔵野市長は、外環ノ2について、都の計画は住民の合意は得られていないこと、小池知事に現地を見てほしいことなどを話しました。知事は検討すると答えましたが、実現はいつごろになるでしょうか。そして、外環ノ2計画を再検討していただきたいと思いますが、それぞれ知事の答弁を求めるものです。

小池知事　…外環ノ2の再検討に関してのご質問でございますが、残る杉並、武蔵野、三鷹区間につきましては、これまでも地域住民との話し合いの会などを重ねてまいりました。昨年の三月に策定をいたしました都市計画道路の整備方針におきましても、計画内容を再検討することを位置づけておりまして、地元区市と連携して、地域のさまざまな意見も聞きつつ、そのあり方を検討してまいります。なお、現地調査については、状況を踏まえて判断をさせていただきます。

6章

新たな危険性をます
横田基地の実態を明らかに

米軍横田基地問題は、三多摩地域選出の都議会議員であり、総務委員であった清水ひで子議員が予算特別委員会などで系統的に取り組んできました。私も総務委員のときに重視して取り上げたテーマでした。その後委員会がかわり直接質問することはできませんでしたが、横田基地にオスプレイ配備が計画され、米軍の特殊作戦部隊の出撃基地に変貌しようとしているもとで、文書質問を連続して提出しました。以下、この二つの文書質問を紹介します。

横田基地での住民犠牲の歴史に光をあてる

オスプレイの配備がねらわれるなか、二〇一五年の第二回定例会で「米軍横田基地とオスプレイ配備について」をテーマに文書質問を出しました。このとき私が重視したことは、横田基地によって周辺住民が、いかに犠牲をしいられてきたのかをまず明らかにすることでした。

横田基地に関する記録を読んでみて、驚かされることが多くありました。その一つは、戦後の横田基地の強化に伴う住民立ち退きです。住宅約八百戸、五十の商店があり、昭島一の繁華街だった地域が移転によってなくなりました。また衝撃的だったことは、ベトナム戦争が激しさを増すなかでＦ１０５Ｄ戦闘機が移駐し、その低空飛行による衝撃波で十四戸の窓ガラスが割れ、銭湯で入浴中だった女性が血だるまになったことです。朝鮮戦争、ベトナム戦争時には墜落事故が相次いだことも知りました。
文書質問では、横田基地拡張による住民追い出しの経過、基地被害の実態などをまず回答として求めました。そっけない回答ですが、紹介します。

問1　一九四五年以降の米軍横田基地の拡張面積と滑走路の延長距離、拡張にともない立ち退きを余儀なくされた住宅数を、年次ごとに伺う。

回答　横田基地は、昭和二十年に米軍に接収された当時、面積が四四六ヘクタール、滑走路が一三〇〇メートルでしたが、昭和二十五年頃から、軍用機のジェット化に伴い　滑走路が拡張され、昭和三十五年には滑走路が三三五〇メートルとなり、現在と同規模の基地となりました。平成二十七年一月現在、面積は七一四ヘクタール、滑走路は三三五〇メートルです。
なお、基地拡張に伴う移転の有無や戸数は不明です。

問2　配備された戦闘機の振動被害によって、堀向地区では住宅や商店街など地域ごとに移転を余儀なくされたが、その経緯、移転した戸数について伺う。

回答　昭島市堀向地区においては、航空機による騒音の問題が深刻化したため、昭和四十年から四十九年にかけて、住宅約五百七十世帯の集団移転が行われました。

問3　一九四六年の横田基地開設以来、駐留米軍機及び基地に飛来した米軍機によって事故がくりかえされ、住民の命と生活が脅かされてきたが、埼玉県など近隣地域も含め、駐留及び飛来機の墜落件数、死傷者を発生した事故及び死傷者数、部品等の落下事故件数及び住民への被害件数について伺う。

回答　都が確認している東京及び近隣地域における米軍機の事故については、昭和四十年から平成二十七年六月までで、墜落事故は十三件、部品等の紛失・落下事故は十九件です。なお、死傷者を発生した事故件数及び死傷者数並びに部品等落下による住民への被害件数については、被害状況の確認ができない事故もあるため不明です。

アメリカ国内なら認められない住宅地、公共施設と隣接する横田基地

次に明らかにしたかったことは、首都東京の住宅地の中に横田基地があることの問題です。アメリカ国内では空軍基地の滑走路から周辺の一定範囲を「クリアゾーン」（滑走路の両端から約九一四メートルの範囲）と定め、住宅や公共施設があってはならないと定めています。普天間基地がある沖縄県宜野湾市では、かつて、この米空軍の規定に基づいてクリアゾーンの線を引き、ゾーン内にいかに学校や公共施設があるかを調べ、普天間基地が米空軍規定では認められない基

地であることを告発しました。私は二〇一〇年十月二十六日の総務委員会で、このクリアゾーンに着目して、宜野湾市にならって、東京都も調査することを求めました。担当部長は「国へ、個別の話も含めまして照会をつづけていきたいと思っております」と答弁しました。私は、文書質問で、この答弁の結果をただすとともに、公共施設や住宅地に隣接する横田基地の異常さを浮き彫りにしようと考えました。答弁は、クリアゾーンなどの制約は「米国外の基地には適用されない」ということでしたが、米国内では認められない地域に基地がおかれ、住民の安全が脅かされていることが確認できました。

問4　横田基地でのクリアゾーンやＡＰＺ１（事故危険地域１＝クリアゾーンの両端から約一五二四メートルの範囲：筆者注）などの設定について、国へ照会の経過と結果について伺う。

回答　改めて国に確認したところ、クリアゾーンなど米国の基地周辺における利用制限を定めた基準について、米国からは「米国内においては周辺の自治体に示しているガイドラインであり、米国外の基地には適用されない」と聞いているとの回答でした。

問5　横田基地のクリアゾーン内に、駅一カ所、保育園一カ所、ＡＰＺ１エリアには小学校一校、中学校一校、専門学校一校、保育園・幼稚園三カ所、医療施設三カ所、高齢者施設一カ所、障害者施設一カ所、都営住宅二カ所があると思われるが、都はどのように認識しているか、見解を伺う。

回答　国からはクリアゾーンなどに係る基準は、米国内において周辺の自治体に示しているガイドラインであり、米国外の基地に適用されるものではないと聞いています。横田基地周辺地域の土地利用については、航空法等の国内法の基準に適合するよう、国が適切に対応しているものと認識しています。

問6　都発行の「東京の米軍基地２０１４」では、「市街地に位置し、航空機による事故が発生すれば、周辺住民の生命や財産に直接損害を与える大惨事になりかねないだけに、極めて深刻な問題である」と記載されているが、横田基地の危険性についてのどのように認識しているのか、見解を伺う。

回答　横田基地の周辺地域における土地利用については、航空法等の国内法の基準に適合するよう国が適切に対応しているものと認識しています。

米軍の運用に当たっては、安全面に最大限考慮をはらうとともに、地元住民に与える影響を最小限にとどめるよう努めるべきです。

都は、地域に影響を及ぼす米軍の運用について、安全対策の徹底や航空機事故の防止などを国や米軍に対して要請しています。

「国の専管事項」だとして撤回を求めない姿勢を厳しく追及

次に私は、二〇一七年に横田基地への配備が準備されていた（その後延期）オスプレイの危険性への認識を問うとともに、都が、安全保障に関することは「国の専管事項」だから、配備に関して地元自治体は何も言えないかの主張(注)をしていることは見過ごせないと思い、この点を質問しました。全国では、自治体の長が米軍機の配備撤回を求めたことは多数例があり、東京でもありました。さすがに都は否定できないものの、「それぞれの立場で判断」と回答しました。都が住民を守る立場に立っていないことを示すものでした。

（注） 二〇一五年第二回定例会（六月十六日）での配備撤回を求めるべきとの日本共産党植木こうじ都議の質問への舛添知事の答弁「何度も申し上げますように、安全保障に関することは国の専管事項であります…都は、国の責任において、地元自治体や周辺住民に対して十分な説明責任を果たすとともに、安全対策の徹底と環境への配慮を米国に働きかけることを既に要請しております」。

問7　オスプレイによる超低空飛行訓練について、一五〇メートル以上はあくまでも原則であり、一五〇メートル以下の飛行も行うという認識を都はもっているのか、それともまったく飛行しないという認識なのか。一五〇メートル以下での超低空飛行訓練の危険性について認識を伺う。

回答　国からは、米国は、低空飛行訓練を含め、CV－22オスプレイの我が国での訓練・運用に際しては、MV－22オスプレイに関する日米合同委員会合意を含む、既存の全ての日米合意を遵守する旨を明言していると聞いています。

MV－22オスプレイに関する日米合同委員会合意においては、地元住民に十分な配慮がなされ、最大限の安全対策が執られることのほか、低空飛行訓練に際しても、運用の安全性確保のため、やむを得ない場合を除き、地上から五〇〇フィート（約一五〇メートル）以上の高度で飛行することとなっています。

問8　自治体の長は、米軍の運用にしか意見を表明できず、配備自体の中止や撤回を求めることはできないという認識なのか。ならばその法的根拠はなにか。法的に配備の撤回を求めることができるならば、なぜCV－22オスプレイ配備計画について配備撤回を求めないのか、見解を伺う。

回答　オスプレイの配備計画は、安全保障に関することで、国の専管事項であり、国の責任で行うべきものです。

米軍の運用に際しては、地元住民の生活への最大限の配慮が必要であることから都は、地元自治体として、国の責任において、都をはじめ地元自治体や周辺住民に十分な説明責任を果たすとともに、安全対策の徹底と環境への配慮等を米国に働き掛けることを求めています。

問9　米軍基地をかかえた自治体は、新たな米軍機の配備によって、住民の命と安全、財産が脅かされかねないと判断される場合には、国に配備撤回を申しいれてきたが、こうした行為は国の専管事項を脅かすもので、適切でないとの認識なのか。国に対し、新基地建設や米軍機の配備撤回を求めることは、自治体の長として当然の行為ではないのか、見解を伺う。

回答　米軍基地が所在する各自治体は、それぞれ置かれた状況が異なるため、それぞれの立場で判断し、対応されているものと考えます。

出撃基地へと変貌する横田基地

第二回定例会に続き、第三回定例会でも私は横田基地問題で文書質問を提出しました。質問事項を「米軍横田基地をめぐる新たな事態について」としたように、横田基地が従来の「輸送の拠点」にとどまらず、オスプレイの配備と一体に新たな出撃基地、特殊作戦部隊の基地に変貌しつつあることをただしたいと思ったからです。さらにパラシュート降下訓練の急増、無通告のオスプレイ飛来の増加など新たな事態が進行していることも明らかにしたいと考えました。これは、羽村平和委員会などのみなさんの粘り強い監視活動の報告で知ったものです。

横田基地に配備を予定するＣＶ－22オスプレイが「米軍の特殊作戦部隊などを輸送する」任務があること、特殊作戦部隊は「対テロ作戦等を行う」と回答したことは注目すべきと思います。

問1　米軍特殊作戦部隊と自衛隊の特殊作戦部隊とのアラスカでの共同降下訓練は横田基地所属のＣ－１３０が横田基地から出動して行われたものだが、この訓練について都はどのように事実経過を把握しているか。この訓練について米空軍の報道では、「大規模な航空基地制圧訓練」だったと紹介しており、これは横田基地とその所属機が単に輸送にとどまらず、特殊作戦部隊の出撃基地としての役割をはたそうとしていることを示しているが、都はどのように認識しているか伺う。

回答　都は、国に対して、周辺住民に影響を及ぼすような米軍の訓練についての情報提供を求めており、横田基地の部隊が国外で行う訓練等は、その対象ではなく、国から情報は得ていません。

横田基地は輸送部隊が駐留し、西太平洋地域の米軍の空輸ハブ基地としての役割を担っているものと認識しています。

問2 中谷防衛大臣は、CV－22オスプレイの横田基地配備により「米軍と自衛隊との特殊部隊の間でCV－22オスプレイを利用した共同訓練などが可能になる」と国会で答弁したが、この答弁を都はどう受け止めるか、見解を問う。

回答 安全保障に関することは国の専管事項であり、米軍と自衛隊との共同訓練など日米の相互運用については、国の責任で行われることと認識しています。

問3 福生市公表の横田基地における米軍の人員降下訓練の情報をみると、二〇一三年は三回延べ十日間だが、二〇一四年には、十一回延べ二十六日と急増している。都は人員降下訓練の実態をどう把握しているのか。二〇一三年、二〇一四年及び二〇一五年の各年ごとに降下訓練が実施された回数、実施日数、延べ降下人員を伺う。

回答 国からの事前通告によると、人員降下訓練の回数とその期間の合計は、平成二十五年は三回で十一日間、平成二十六年は十一回で二十六日間、平成二十七年は九月現在で四回、十四日間です。

なお、事前通告には、降下人員数の情報が含まれない場合があるため、延べ降下人員数は不明です。

問4　二〇一二年一月の人員降下訓練で、防衛省は「テロ攻撃や航空機又は地上戦闘力等による基地への攻撃を想定し、実践的な即応態勢を執ることを目的とする訓練」と説明したとのことだが、都はどのような報告をうけたのか。二〇一四年の十一回の訓練の目的について、都は、防衛省からどのような報告をうけたのか。また、人員降下訓練の増加理由についてどのような報告をうけているのか、伺う。

回答　国からは、横田基地において、平成二十四年一月四日から同月六日まで、基地への攻撃を想定し、実践的な即応体制を執ることを目的とする「運用即応演習（ＯＲＥ）」とともに空中投下訓練を行うとの通告を受けました。

個別の人員降下訓練の実施に当たっては、訓練目的の通告はありません。また、年度ごとの回数の増減について、国からは説明はありません。

なお、横田基地からは、人員降下訓練について、人員や物資を空輸する能力を常に保持することが必要不可欠であり、人員降下及び物資投下訓練は、そのための通常の訓練として行われていると聞いています。

問5　これまで降下訓練に参加したのはどの部隊だと報告を受けているのか。報告がなかった場合、都として参加部隊について国や米軍にただしたことはあるのか、伺う。

回答　都は、国に対して、周辺住民に影響を及ぼすような米軍の訓練についての情報提供を求めており、横田基地所属以外の部隊が参加しているか否かについては、その対象ではありません。

問6　都は配備予定のCV－22オスプレイの任務及び特殊作戦飛行隊の新設について、どのように政府から説明をうけ、認識しているのか。また、特殊作戦部隊の任務についてどのように認識しているか、見解を伺う。

回答　国からは、CV－22オスプレイは、各種事態が発生した場合に、初動対応を行う米軍部隊を作戦地域まで輸送することを主な任務としており、横田基地に配備されるCV－22オスプレイは、アジア太平洋地域に所在する米軍の特殊作戦部隊などを輸送するとともに、大規模災害が発生した場合には、捜索救難などの人道支援・災害救援活動を迅速かつ広範囲にわたって行う、との説明を受けています。

また、CV－22オスプレイの横田基地配備に伴い、関連要員等から構成される飛行部隊が横田基地に新編される予定と聞いています。

米軍特殊作戦部隊は、民間人の救出を含め、対テロ作戦等を行うとともに、災害発生に即応し、被災地に急行することができる、との説明を受けています。（問7、8、9は省略）

深夜、休日も無視した騒音の実態が

文書質問ではつづけて、横田基地の危険な変貌のもとで夜間や休日飛行の実態について質問しました。発表資料である程度は把握していますが、都の回答で公式に明らかにしたいと考えたからです。

回答では、二〇一三年度の年間騒音回数は、午後七時から午後十時は二千二百十九回、午後十時から午前七時の深夜、早朝という時間帯にも年間百十五回。また、「飛行訓練を最低限にとどめる」となっているにもかかわらず、年に六十七日あった日曜、祝日のうち、騒音が確認されたのは六十六日、一日十回以上がなんと二十一日だったことが明らかになりました。

さらに私が注目したことは、環境局が二〇一一年に測定した米軍機の航跡図です。市街地の上に幾重もの航跡が記されていました。この図があるということは、学校などの上空を何回飛んだのか、飛行高度はどうだったのか明らかにできると考えたからです。しかし都は、「正確な飛行経路を確認できる精度で測定していない」と回答し、再度調査を求めましたが、「同様の調査を実施する予定はない」という態度でした。

問10　横田基地の危険な役割の強化とともに、夜間や休日の飛行、低空飛行が増加し、周辺住民の安全がますます脅かされていることも重大である。都は夜間及び深夜から早朝にかけての飛行実態をどのように把握しているのか、具体的に伺う。

回答　…都は横田基地周辺四カ所で航空機騒音の通年測定を行っています。平成二十五年度に最も騒音発生回数が多かった瑞穂町農畜産物直売場での騒音発生回数は、午後七時から午後十時の間は二千二百十九回、午後十時から翌午前七時の間は百十五回です。なお、都は環境省の「航空機騒音測定・評価マニュアル」に基づき、暗騒音より一〇dB以上大きい航空機騒音を発生回数として捉えているため、飛行回数とは一致しておりません。

問11　「合意」では、「日曜日、日本の祝日並びにその他何かの特別な日」について「飛行訓練を最小限にとどめる」としているが、都は、二〇一三年度の日曜、休日で騒音が確認された日が何日で、その内騒音回数が十回以上の日は何日だと認識しているのか、伺う。

回答　平成二十五年度の横田基地周辺地域における日曜・祝日六十七日中の騒音発生日は六十六日で、その内の一日の騒音回数が十回以上の日は二十一日です。

なお、日米合同委員会における、日曜日等の飛行規制の対象は「訓練飛行」のみであり、訓練以外の航空機の飛行は対象となっていません。

問12　東京都環境局は二〇一〇年十一月に八日間にわたって横田基地を離着陸ないし旋回した米軍機の航跡と高さを測定した。この調査結果について（1）飛行航跡の下にある小中学校数はどれだけあるのか、（2）人口密集地域を旋回していたことが確認されたのか、（3）調査結果では百九十六回の飛行が確認されその航跡断面図によって飛行高度が確認できるのか、日米合意の高度が遵守されていたのか、伺う。

回答　平成二十二年十一月に環境局では、航空機騒音から通常の生活を保全する必要がある地域として知事が指定する航空機騒音地域類型指定地域の見直しを検討するための基礎調査を行っていますが、（1）については、騒音の分布状況を見るために簡易な装置で飛行航跡を描いたもので、正確な飛行経路を確認できる精度で測定していないため、「飛行航跡の下」の学校数は算出できません。なお、横田基地周辺の航空機騒音地域類型指定地域内の小中学校数は、小学校七十二校、中学校四十二校です。（2）については、いわゆる住宅街の上空も飛行しています。また、（3）の航跡については、日米合意の高度が確認できる精度では測定は行っていません。

なお、日米合同委員会合意の飛行高度規制は、離着陸や計器進入の場合は除かれ、また、場周経路も人口稠密地域の上空の飛行をできる限り避ける最善のパターンで設定することが定められています。

文書質問という制約はありますが、首都東京の米軍横田基地の変貌する危険な実態を浮き彫りにすることができたと思います。

7章

石原知事による都政私物化と人権否定をただす

石原慎太郎氏は、一九九九年の知事選で当選し、二〇一二年十月に任期途中で辞任するまで十三年余、知事を務めました。氏は、部分的にはディーゼル車の排ガス規制などの取り組みはあったものの、全体を通せば、全国に誇る東京の福祉を破壊し、加えてオリンピック招致をテコに、凍結されていた外環の事業化を強硬に推し進めるなど、都政に重大な禍根を残しました。

また石原氏は、知事の座を利用し、新銀行東京の設立、みずからの四男を重用したトーキョーワンダーサイト事業など、都政の私物化を進めました。さらに、現行憲法の否定、教育への管理統制の強化、女性蔑視発言をはじめ、憲法と民主主義、人権を否定する言動を公然と行ってきました。

こうした石原都政に対し、新銀行東京の設立に自民党、公明党だけでなく、民主党まで高く評価して賛成したように、日本共産党以外の政党は、事実上知事のオール与党という態度をとりました。それだけに、日本共産党都議団に、石原暴走政治に対し、都民の立場から毅然と対決してたたかうことが求められました。この時期、私は毎年予算特別委員会の委員を務め、石原氏との論戦という重い責任を負いました。

石原知事は、いくら正論を述べて質問をしても質問には答えず、持論を述べるか、日本共産党への誹謗、中傷を行う態度に終始しました。責任を追及すれば、自分が決めたものでないなど、他に責任をなすりつける。さらに、予算特別委員会で石原氏に答弁を求めると「通告してないじゃないか」と自席で私に向かって不規則発言をし、答弁に立たないことも何度かありました。もちろん私は質問事項について正規の通告はしているのです。

いま議事録を読み返すと、不十分な点もありますが、よくも粘り強く論戦したものだと自分ながらに感じますが、そのすべてを紹介するわけにもいきません。しかし、都政と都議会の歴史のなかで、石原氏による都政の私物化、人権と民主主義の否定という異常な実態と、これを許さぬ論戦は記憶されるべきと思います。本書では、都政の私物化という点で新銀行東京問題を、民主主義・人権の否定という観点からは、氏の女性蔑視発言をめぐる論戦を紹介します。

1 新銀行東京の設立と破綻の責任を追及

築地市場の豊洲の東京ガス工場跡地への移転問題とともに、石原知事による都政私物化のもう一つの大問題が、新銀行東京の設立でした。銀行設立のために都民の税金一千億円を投入し、経営破綻の穴埋めのためにその大半を失い、さらに四百億円を投入。結果的に民間銀行に統合されました。

私は、四百億円投入が予算案に盛り込まれた二〇〇八年三月十一日の予算特別委員会で質問に立ち、石原知事の責任を厳しく追及しました。私の質問がテレビでも部分的に中継されたこともあり、激励のメールや電話をたくさんいただきました。

質問で私が知事責任の第一にあげたのは、新銀行東京出発時の責任についてです。前述のとおり、都議会では日本共産党だけが新銀行東京設立に反対しました。その理由は、中小企業に真に役立たないだけでなく、経験と専門性が求められ、かつ、事態によっては高いリスクをこうむりかねない銀行という事業に、経験も知識もない自治体である東京都が乗り出すべきではないと判断したからです。質問では、全国銀行協会（全銀協）も、新銀行東京の計画はリスクが高く、自己資本を失いかねないことに警鐘を鳴らす意見書を提出していたことを示し、「知事は、知らなかったのですか」と追及しました。

知事ははじめ答弁に立たず、私の再度の催促で答弁に立ちましたが、質問にはまともに答えず、新銀行東京によって「助かった会社がたくさんあるじゃないですか。九千社もあるじゃないですか」と居直る態度でした。

私は、そのことをもって一千億円を失いつつあることの責任を逃れることはできないと指摘するとともに、設立時に知事がリスクについて検討せず能天気な発言をしてきたことを指摘しました。それは、記者会見で追加出資の危険性はないかとの質問に対し、知事が「そういう発想というのは非常に幼稚」「粗雑」だと口汚くののしったこと、さらに、知事が議会で一千億円は将来数兆円の値になる、上場を視野に入れ、上場すれば株価が上がり都の財政再建に貢献するとまで発言したことです。

こうした設立時の知事発言とはまったく逆の結果になったことを指摘し、認識をただした私の質問に対し、石原知事の答弁は驚くべきものでした。「それは、…経営陣の問題じゃないでしょうか。もし、ああいうずさんな乱暴な経営さえしなければ、私はこういう事態にならなかったと思いますよ」。

知事責任の第二にあげたのは、新銀行の設計責任です。都は、新銀行を立ち上げるにあたって、設計図ともいえるマスタープランを策定し、知事名で発表しました。知事は、経営陣に責任を転嫁しつづけますが、実はこのマスタープランが破綻への設計図だったのです。

私は質問で次のように指摘しました。「知事の責任で策定したマスタープランそのものが、統計手法を用いた自動審査システム、スコアリングモデルですね、これを活用してスピーディーな融資をするというのが基本的な路線、レール、それをあなたが引いたんじゃないですか。しかも預金口座数、百万口座ですよ、三年間で掲げたのが。ＡＴＭ二百台、融資保証残高九千三百億円、三年で黒字と、その達成を経営陣に求めたし、経営陣は求められたわけです」。

ところが石原知事は、「私がつくったわけじゃありません」「専門家の方々がこれをつくられた」と責任を転嫁するとともに、「マスタープランを運転するのは運転手ですよ。その運転手の才覚というものが、自動車をあちこちにぶつけて、こういうていたらく」になったと運転手すなわち経営陣に責任をなすりつけたのでした。

私は、マスタープランをかざし、「知事の署名入りで発表しているんですよ。最終責任はあなたにあることは明らかじゃありませんか」と厳しく指摘するとともに、プラン作成にかかわった人の話を紹介しました。「私は、マスタープランづくりに参加した方からも聞きました。例えば原案の作成では、三年後は引き続き赤字になるというのが、専門家の方々が計算したものなのですよ。そ

新銀行東京での石原知事責任を追及（2008年3月11日、都議会予算特別委員会）。

れを島津氏と大塚氏（当時の新銀行担当幹部）が黒字に改めた。最終的な数字の手直しは東京都側の幹部が行ったんじゃないですか」と指摘しました。

私は質問にあたって、新銀行設立にかかわった方から直接話を聞きたいと思い、何人かの方にアタックしました。幸い一人の方が協力したいと、当時の状況について話してくださったのです。知事は、私の質問に答えずに、当人は誰なんだ、明らかにせよという、驚くべき対応でした。

第三の責任は、人事、任命責任です。知事は旧経営陣にすべての責任をなすりつけましたが、その旧経営陣を選んだのは石原氏自身だったのです。代表執行役は仁司泰正氏でしたが、私は、取締役会で代表執行役を決定する半年前に知事が会見で「トヨタから仁司泰正さんをお迎えしている」と発言した経過を示し、人事面でも知事に責任があることを明らかにしました。

しかも銀行法第七条二項では、銀行の業務に従事する取締役、委員会設置会社にあたっては執行役は、銀行の経営管理を的確、公正かつ効率的に遂行することができる知識及び経験を有し、かつ、十分な社会的信用を有する者でなければならないとしています。

私は、「この七条二項、承知のうえであえて経験のない人を選んだんですか」と追及しました。ところが石原知事は、「いきさつについては私存じませんから、精通している局長から答弁いたします」と答弁。銀行法の規定も知らずに選んだことが浮き彫りになりました。

実は石原知事は記者会見で、仁司氏を選んだ理由として「民間企業の幹部こそ複合的、重層的にとらえる経営感覚がある、既存の銀行幹部ではだめだ」と発言し、破綻があらわになってからは、「不慣れな仕事を不慣れな人にさせたきらいはある」「自動車のセールスのような物を売ればいいという業務じゃありません」と発言しているのです。

さらに私が他の役員も含め、取締役会に諮る前に役員候補は知事の了承を受けていたことを指摘しましたが、このときだけは知事は答弁に立ち、「決まりましたという報告をもって了承」したので話が逆だと強がりました。しかし都議会の議事録では、当時の担当局長が、会社としての手続き以前に候補者としてこういう人を推薦したいということについて、最終的に知事の了承を受けておりますと答弁しているのです。

私は、「あなたの認識こそ逆立ち」だと指摘し、任命責任をすべて棚上げするという態度は「見苦しい限りだ」と厳しく指摘しました。もちろん、知事はもう何も言えませんでした。

知事の責任として第四にあげたのは、乱脈経営を監視する体制が何ら働かなかった問題です。東京都は形の上では、経営を監視する体制として社外取締役員会および監査委員会をつくりました。しかし、機能しませんでした。その大きな原因は、派遣されたメンバーが銀行経営にまったく経験のない都のＯＢと、知事の親しい知人だったことです。社外取締役に派遣されていた鳥海巌氏は知事と同窓の一橋大学出身で知事の古くからの知人であり、梶原徳二氏も知事と親しく、百万円の献金をしていた人物です。さすがに知事は梶原氏について、「私が招聘して、社外重役に座ってもらいました」と認めました。代表取締役も知事が選び、監視するための社外取締役も知事が選ぶ、その両方とも機能していなかったのです。

私はさらに、最大の株主である東京都、知事、担当幹部は何をしていたのかと厳しくただしました。問題は、都として監視していなかっただけでなく、融資目標達成を煽る役割を果たしたことです。私は、すでに大量のデフォルト（債務不履行）が発生した二〇〇五年十二月の取締役会に都が申し入れを行った内容が、二〇〇五年度目標である二千五百八十億円の融資目標達成のために「なお一段の努力を要する状況である」とハッパをかけていた事実を示しました。

知事の責任に関して私が最後に強調したことは、立ち止まって再検討する機会が何度もあったにもかかわらず、立ち止まらず破綻への道を突き進んだ責任です。例えば八百四十九億円の累積赤字が出たときに、知事はどういう対応をとったか。乾坤一擲、前に出る以外ない、二年後には黒字を出す、こう発言しています。私は、次のように知事をただしました。「一千億を丸々失いかねない事態まで進んできた、その元凶としての知事責任、言い逃れをすることは許されない」「会社の社長だったら、これだけ一千億円の大穴をつくれば、即辞任、そして損害賠償の責任が問われる」「改めて一千億円を失う事態をつくった知事としての責任、どうお考えですか」。

ところが知事からは驚くべき発言が返ってきました。「まあ端的に申しますと、最初から私が社長だったら、もっともっと大きな銀行にしていました」。

私は言いました。「驚くべき無責任な態度ですね。知事、知事というのは都民の財産を守る責任があるでしょう。一千億円を投資したら、それを守る責任があるじゃありませんか。それを管理するのは知事としての責任ですよ」「真摯に都民に謝罪すべきだと思います。…どうですか」。

これに対しても知事は「立て直すためにこの動議を出しているわけで、あなた、やっぱり先のことを考えなきゃね、もうちょっと」。

私は言いました。「新銀行の事態を、我々の警告を無視して続けたことによって一千億の赤字をつくった人間に、そんなことを言われる筋合いないですよ。あなたはいかに先の見通しがなかったということじゃないですか。ふざけたことを言うんじゃないですよ。許されないですよ」。

知事とのこのやりとりは大変印象的だったようで、後日杉並区内の理容店にうかがって話をしていた折、突然、「あなたに言われる筋合いはないよ」と店主が言うのです。なにかまずいことを言ったかなと戸惑っていると、笑いだして「吉田さんが言ってたじゃないか。ちゃんと見てたよ」と言っていただきました。質問後には日本共産党都議団に、よく追及してくれたという激励の電話やメールがたくさん寄せられました。

議事録を読み返してみると、追及の論点が整理され、かつ、知事も反論できない事実を次々に示すことができたことはよかったと思います。もちろん、これは日本共産党都議団の総力をあげた調査の賜物です。また、設立に参加し執行役になった方や、銀行の職員だった方が調査に協力してくださったことも、大変大きな力になりました。石原知事は支離滅裂な答弁や居直り答弁など、普通なら考えられない発言がありますが、徹底して調査し準備したからこそ、これでもかと追い詰めることができたと思います。私の五期二十年の議員活動のなかでも思い出に残る論戦でした。

2　人権否定、女性蔑視発言を厳しくただす

石原氏の民主主義と人権を否定する暴言を取り上げた予算特別委員会での論戦で強く記憶に残っているのは、現憲法を否定した石原氏の発言を追及したことでした。石原氏は私の追及に「憲法違反でけっこうです」と居直る始末でした。知事としての資格が問われる発言です。当時、マ

スコミがこの論戦を無視したことは残念です。

さらに、女性蔑視発言を取り上げた論戦です。石原氏は最後まで、発言は松井孝典東京大学教授の主張に基づいたものだと強弁。他人のせいにして反省しないという居直りと、無責任な態度が浮き彫りになりました。いずれも二〇〇三年三月四日の予算特別委員会です。

問題の女性蔑視発言は、『週刊女性』二〇〇一年十一月六日号のインタビュー記事に掲載されていたものでした。「文明がもたらした最も悪しき、有害なものはババァ」「女性が生殖機能を失っても生きているってのは、無駄で罪です」という驚くべき発言。しかも石原氏は、これは「松井孝典が言っている」と紹介しましたが、松井氏の本来の主張は石原発言とはまったく逆のもので、結局、石原氏の女性蔑視の考えが露呈したものでした。

公開されている松井氏の文献やテレビでの発言を調査したところ、松井教授はそんな発言はしていませんでした。私は、雑誌の取材に対して松井氏自身が、「私の言っていることと全く逆のこと」と発言していることも確認したうえで、石原知事との論戦に臨みました。以下、議事録を紹介しますが、松井氏の名を借りて、石原知事がいかに自分の思っていることを言ったのかが浮き彫りになったと思います。

吉田委員　次に、この四年間、住民の福祉の増進に最も大きな責任を負い、さまざまな人々が暮らす地域社会の共同、共生をつくり出す責任者としての自治体の首長にふさわしくない知事の発言がしばしば行われてきた問題についても触れざるを得ません。

例えば、陸上自衛隊の記念式典で行ったいわゆる三国人発言、府中療育センターの視察後の定例記者会見での、ああいう人というのは人格あるのかね、という障害者への差別発言、さらに松井東大教授の言葉をかりたということで行われた、文明がもたらした最もあしき有害なものはババア、という発言です。この四年間を振り返ったときに、これらの基本的人権をじゅうりんするような発言は、私は決して放置することはできないと思います。

さまざまな問題がありますが、時間的な制約がありますので、中でも女性蔑視発言について取り上げます。

知事は、二〇〇一年十一月六日号の「週刊女性」で、インタビューに答える形で異常な女性蔑視発言を行いました。コピーですけれども、この「週刊女性」ですね。この中でこういっています。「これは僕がいってるんじゃなくて、松井孝典がいってるんだけど、『文明がもたらしたもっとも悪しき有害なものはババァ』なんだそうだ。『女性が生殖能力を失っても生きてるってのは、無駄で罪です』って。男は八十、九十歳でも生殖能力があるけれど、女は閉経してしまったら子供を生む力はない。そんな人間が、きんさん、ぎんさんの年まで生きてるってのは、地球にとって非常に悪しき弊害だって……。なるほどとは思うけど、政治家としてはいえないわね」。

この知事発言について、ご承知のとおり多くの女性団体が、知事発言は女性を侮辱するというだけでなく人間の尊厳にかかわる重大な発言、女性を蔑視し、女性の人権を根底から踏みにじるものなど、厳しい批判の声が上がりました。昨年末には、精神的苦痛を受けたとして女性たちが提訴をするというほどの怒りが広がっています。私は当然だと思うんです。知事、にやにや笑っていますけれども。

こうした女性たちの声に示されるように、知事として到底あるまじき女性蔑視、女性の人権否定の発言だと思うんです。謝罪し、撤回すべきだと思いますが、いかがですか。

石原知事　共産党というのはかねてから言論ファッショだと聞いていましたけれども、私が人のいったことをクオートしていったことを、さらに曲解、要するにつまんでこういうことをいわれれば、それは誤解を生ずる人もいるでしょう。しかし、私はあくまでも松井孝典さんとの対談の中で、彼が、人類が人間として誕生してから何万年たつんですか、それからさらに何千年か前、人間が農耕というのを覚えてから備蓄が進み、つまり文明圏ですね、人間の、人間圏と彼はいいましたけれども、文明が派生して、それが人間の意思でいろいろな形で地球の自然な循環を変えたと。人間が動物を使役することも、その循環がゆがんだ一つの証左でしょう。

その結果、今、今日このていたらくになって、人類がこの地球という惑星にあと何年か生存できない段階になって、松井さんがいわくに、まさに今ごろになって地球に優しい何とかというのは、たわけた話で、全くこういう大きな禍根というのを招いたのは人間自身の文明だということの中で、例として彼がいわれて、私は呵々大笑して、あなたの理屈は通らない、なるほどそういえばそうかもしらぬけれども、これはやっぱり政治家の口でいえませんなといって笑って、それで、これはテレビですから、それはつまんだところもあるでしょう。しかし、そこにいたスタッフも、私の特別秘書も、みんなそのことを聞いております。私は、ある意味で松井さんのいったことに、あの人の論理にインスパイアされましたけれども、これはあくまでも私がある啓発を受けただけでありまして、私の持論ではございません。

吉田委員　自分の意見ではない、あくまでも松井教授の意見であるということを今いわれました。それで、今資料をお配りいたしましたけれども、私は改めてこのＭＸテレビ、知事が対談を行った、知事のところに行っているかもしれませんけれども、確かめてみました。しかし、少なくとも知事がいったような趣旨の発言は、このMXテレビで松井教授はされておりません。見てください。「ひとつは『おばあさん仮説』というんだけど。現生人類だけがおばあさんが存在する。おばあさんってのはね、生殖年齢を過ぎたメスが長く生きるということですよ。普通は生殖年齢を過ぎるとすぐ死んじゃうわけ。ほ乳動物でも、サルみたいなものでも。あるいはネアンデルタールもそうだったんじゃないかといわれている。『おばあさん』というのが存在するのは、われわれ現生人類だけなんですよ。これがね、いろんな意味で人口増加をもたらすんですよ。そのために、アフリカにいた人類がダーっと世界中に散っていって、それでさらにこういう人間圏をつくった」と。これしかいっていないんですよ。知事がいっているような、むだで罪で非常にあしき弊害だなんということは一言もいっていないんですよ、この趣旨は。

しかもですよ、いいですか、知事もちゃんと見てくださいよ、資料の下段。では、松井教授のおばあさん仮説というのは一体どういうものか。（石原知事「片言隻句だ」と呼ぶ）あなた、片言隻句なんていうけれども、ちゃんと事実なんですから、しっかり見なさいよ。これはアーク都市塾の松井教授の講義録をそのままとったものです。その中に、こういっているんですよ。

「その一つの理由に『おばあさん仮説』がある。ゴリラ、チンパンジー、オランウータンなど類人猿のメスは、子供が産めなくなると数年と経たないうちに死んでしまい、おばあさんは存在しない。しかし、現生人類には存在する。何らかの理由でおばあさんが出現し、その結果人口が増加し、繁栄したという説である。おばあさんが存在すると、おばあさんの経験が活かされ、次の世代の出産はより安全になる。さらに、おばあさんに子供の世話をしてもらえるので、次の出産までの期間が短くなり、出産回数が増える。これらは人口増加をもたらす。こうして人口の増えた現生人類は世界中に散らばり、その過程で様々な道具を生み出し、さらに脳の回路が繋がり、言語が明瞭に話せるようになったことで、抽象的な思考ができるようになり、人間圏をつくるまでに繁栄したと考えられる」。

いいですか、松井教授のおばあさん仮説というものは、人類の今日の発展はおばあさんの存在にあるんだと、他の類人猿と違って、高く評価をしているんですよ。知事のいっているようなことは、全くいっていないじゃないですか。事実と違うじゃないですか。これだけ私は具体的に、松井発言というものの事実を明らかにして、知事に撤回を求めたわけですよ。どうですか。

石原知事　私は、あなたみたいに彼の講義を聞いたわけじゃございません。ただ、ほとんど二度目か三度目に会った、非常におもしろい方なので、私の番組に招待いたしました。そこで、限られた時間でありましたけれども、話題として、松井さんがいわれたことに印象を強くして（「松井さんは迷惑だよ」と呼ぶ者あり）迷惑じゃないでしょう。たくさん同じことを聞いた人もいます。

ただ、やっぱりテレビの編集というのはありまして、いろんなところをつまんで、わかりやすく、一時間半ぐらい撮ったものを一時間にするんでしょう。その中で、要するに、テレビに映されない部分もあるわけですから、私はそれを自分なりに補って、人に一種の慨嘆として取り次いだわけでありまして、私はこれを撤回するしないじゃございません。

吉田委員　私は、二つのＭＸテレビもちゃんと見ました。さらに、おばあさん理論なるものを具体的に話している、この松井教授のアーク塾の講義録も示して、松井教授の考えの中には、知事の発言したようなことは全くないんだという事実を示したんですよ。それでも、知事はあくまでも松井教授だということでいい張るわけですね。

〔石原知事発言を求む〕

吉田委員　いいですよ。まだあるんですよ。――じゃ、いいたいことがあったら、いってください よ。

石原知事　ですから、テレビに映らなかった部分も含めて、私は、テレビでたった一度対談した限りの松井さんの言葉を、ああいう形で要約して人に伝えたわけです。

吉田委員　じゃあ、松井教授がこの問題についてどういうふうにいっているかということなんですよ。知っていますか、知事。（石原知事「知りませんよ」と呼ぶ）知らないでしょう。ひどいですよ。

ここに「自然と人間」という雑誌があります。ここで記者が松井教授に取材をしています。そのときに、こういっているんです。引用もととされた松井教授に、石原知事の発言について電話で聞きました。

これはコメントしようがないね、石原氏の発言を見ると、私のいっていることと全く逆のことだからね、私は、こういういい方はどこでもしたことはないし、おばあさん仮説という理論を私はいろんなところで話しているから、それを見てもらえばわかるでしょうと。

本人が、私はそんなことをいうはずがないと。それは私の今までの理論、仮説を見てもらえば明らかだと、ここまでいっているんですよ。

石原知事　私は、テレビの場以外の松井さんの発言に、それほど興味もございません。ただ、一度対談したときに、印象を取り次いだだけでありまして、ならば、必要なときだったら、私と松井さんと、どこかでお目にかかって、互いにいったことの……（「謝れ」と呼ぶ者あり）謝る必要はないでしょう。私は、私なりの印象のことを受け継いだだけでありますから。

吉田委員　私は、松井教授自身のコメントも含めて具体的な事実で、知事の発言について謝罪と撤回を強く求めました。結局、「週刊女性」で述べた女性の人権を否定する恥ずべき暴言は、知事自身の発言だと。知事の思想を述べたものだというふうにいわざるを得ませんし、それは明確に都民を欺くものだということを厳しく指摘をしておきたいと思います。

8章

猪瀬、舛添知事の辞任へ徹底調査

東京都政では、二〇一二年から二〇一六年の四年間に、石原慎太郎氏、猪瀬直樹氏、舛添要一氏と三人の知事が任期途中に辞任し、三回も都知事選が行われるという異例の事態が起きました。猪瀬氏は知事就任からわずか一年、舛添氏は二年と四カ月での辞任でした。これは猪瀬、舛添両氏がいかに知事としての資格が問われる人物であったかを浮き彫りにしており、今後の教訓にしなければなりません。同時に私が注目することは、両氏を短期間に辞任に追い込んだ都民の世論と運動、そして都議会の論戦、日本共産党都議団の奮闘です。とくに、舛添氏の辞任を求め都庁に寄せられた電話やメール等は三万件を超え、日本共産党都議団に対しても激励の電話が朝から途切れることなく寄せられるなど、世論の高まりは都政史上かつてないものでした。なぜ、都民は怒り、辞任に追い込んだのか、そうした視点から猪瀬、舛添辞任追及を振り返ってみたいと思います。なお私は、両氏追及の論戦に立たず、もっぱら調査活動を担いました。

1　徳洲会からの五千万円を徹底調査、猪瀬知事を辞任に追い込む

猪瀬疑惑の発覚は新聞報道によるものでした。猪瀬氏が知事選挙出馬の直前に医療法人徳洲会

から五千万円を借りたというものです。利子はなく、返済期限の定めもなく、この五千万円が知事選の資金なら、政治資金収支報告書に記載しなければならず、個人的な借入だったとしても、知事の資産公開に記載しなければなりません。しかし、猪瀬知事はいずれにも記載しませんでした。

猪瀬知事は、報道された問題の真実を誠実に明らかにし、謝罪するのでなく、説明を当初とその後で変えたり、示した借用書なるものも本物と思えないものだったり、明らかに真相を隠し、ごまかそうとする態度に終始しました。例えば、当初は五千万円は知事選の資金提供という形で応援してもらうことになったと説明したにもかかわらず、その直後に知事選後の生活の不安から個人で借りたという説明に変えていました。また、借用書を書いたといいながら、貸主はわからない、名前を見なかったなど、到底ありえない説明に終始しました。こうした都民と都議会を愚弄する態度は、都民の怒りを広げる結果となりました。

さらに許せないことは、猪瀬知事が辞任を表明したのが、都議会で百条委員会の設置を決定した直後だったことに示されているように、明らかに疑惑の真相追及から逃れようとしたことです。これは徳洲会からの資金の授受が、いかに説明できない問題だったのかを物語るものです。

日本共産党都議団は、発覚直後の第四回定例会の代表質問（二〇一三年十二月五日）に河野ゆ

り え議員、一般質問（同年十二月六日）に白石たみお議員が立ち、猪瀬氏の言動に即してその真偽を徹底して明らかにする努力をしました。同時に、私たちが重視したことは、徳洲会からの五千万円の資金提供がどのような意図をもっていたのか、資金提供を受けたことが、いかに重大な問題だったのかを明らかにすることでした。

そのために、猪瀬氏（当時副知事）の公用車の運行記録や、徳洲会の動きを把握するために徳洲会の広報紙などを調査するとともに、私は徳洲会の都内にある事務所から話を聞くことに挑戦しました。断られるかと思いましたが、意外とすんなりと受けてもらい、一般質問を予定していた白石都議とともに訪問しました。この面会で私たちはきわめて重要な事実を知ることができました。

それは白石都議が質問で紹介しましたが、徳洲会にとって、都心に「旗を立てる」、すなわち都心に徳洲会の病院を建てることは「悲願」だった、そのために、東京電力病院（新宿区）の売却・入札の話が出たので、競争入札に参加したという話でした。私はあえて「悲願」だったと強調したことが大変印象的でした（なお、結果的には徳洲会は東京地検の家宅捜索を受けたので、入札を辞退したという話でした）。

私はこの「悲願」達成の願いが猪瀬氏への五千万円の資金提供に託されていたのではないかと

感じました。実は、猪瀬氏は、副知事時代に東電病院に強い関心をもち、東電病院を廃止し売却することを東電に迫っていたのです。

猪瀬氏は、白石議員の質問に対し、二〇一二年十一月六日の徳田虎雄氏（徳洲会前理事長）との面会では「東電病院の売却は話題になっておりません」、「徳洲会グループに対しては、私は便宜を図ったことも一切ないし、それを頼まれたという事実もない」と答弁しました。

私は、この答弁をただすために、徳田虎雄氏に面会する必要があると考え、広報担当者に面会を申し入れましたが、さすがに実現できませんでした。しかしその後、新聞各紙は、「東京電力病院の取得を目指す考えを伝えられていたことが関係者の話でわかった」と報道。猪瀬氏は辞任会見で「そういう会話があったというぐらいのところだったと思います」と発言し、報道を否定しなかったのです。

また、白石議員への猪瀬答弁では、東電病院の売却については「東電に経営努力を促す意味だった」と述べ、売却の方針は承知していたが「売却に至る詳細な経緯までは承知しておりません」と答弁しました。しかしその後の総務委員会に提出された資料では、二〇一二年四月二十五日に知事本局が福祉保健局に「猪瀬副知事からのオーダーで東京電力病院について調べている。概要を教えてほしい」と要請していたこと、入札の経過についても、東電との定例会合で報告を求めていたことが確認されました。こうした事実は、猪瀬氏の答弁が虚偽である可能性が強いことを示すもので、偽証が許されない百条委員会で徹底した真相解明が求められていました。

猪瀬氏が百条委員会設置の合意をうけて辞任を表明したことについて、大山とも子日本共産党都議団幹事長は談話で「最後まで真実を覆い隠す立場をとったことは、許されません」と厳しく批判するとともに、わが党以外の会派が一度は合意した百条委員会を、辞任表明をもって取りやめたことは議会の責任を放棄するものだと批判しました。

私たちは、このままでは終われないと考え、東電病院問題にしぼって猪瀬氏に公開質問状を提出しました。退任のあいさつで控室に来た猪瀬氏に渡そうとしたのですが受け取らず、結局私が後ろから追いかけてようやく渡すという奇妙な場面がテレビでも報道されました（質問状への回答はありませんでした）。

こうした残念な結果ではありましたが、日本共産党都議団が独自の調査で五千万円の資金提供をめぐる疑惑を徹底して調査したこと、さらに百条委員会設置を提案し、一度は合意するところまで進めた努力が辞任に追い詰めた力だったことは明らかです。マスコミ関係者からも、「お見事ですね」「ここまで来るとは思いませんでした」などの声が寄せられました。

2 浪費と私物化を徹底追及、舛添知事を辞任へ

舛添要一知事は疑惑が次々明らかになっても、最後の最後まで知事の椅子にしがみつこうとしました。その舛添氏を辞任に追い込んだ最大の力は、辞任を求める都民世論の広がりです。二〇一六年六月十五日、辞任表明に対し大山幹事長が「都民世論の画期的な勝利です」との談話を発表しましたが、まさに実感です。都議会の控室にいて、都民の怒りが日に日に高まり、広がることを感じました。私は、東京都政策企画局に、舛添問題で寄せられた都民の声の件数と内容の報告を求めてきましたが、うなぎのぼりに増加し、三万件を超えました。それ以外に議会の各党にも自民には抗議が、わが党には熱烈な激励の電話やメールが連日寄せられました。もちろん、こうした事態をつくるうえで、日本共産党の徹底した調査とその発表が大きな役割を果たしたことはいうまでもありません。次々と調査し発表し、新聞、テレビでも報道されました。そして本会議の代表質問、一般質問、総務委員会での質問と、舛添氏のウソとごまかしを暴いていきました。

私は質問などの表舞台に立つことはありませんでしたが、徹底した調査活動を担いました。一

つの問題で連続的に調査し発表してきたのは、私の都議会議員としての活動のなかでも、これまでなかったことです。

調査発表のなかで追及の口火を切ったのは、二〇一六年四月七日の「舛添知事の海外出張の実態と改善提案」の発表です。この発表で、舛添氏の海外出張の一回の平均費用が石原氏と比べても約一千万円も高く、一回の最高額も石原氏より約二千万円高い六千九百七十五万円であることを明らかにし、衝撃をあたえました。さらに公務として講演した場合でも講演料は主催から直接舛添氏の私的企業に振り込ませ、政務での講演でも公用車を利用していた「公私混同」の告発。保育や介護の現場には一度も視察しない一方で美術館へは三十六回通い、しかも知事が訪問の目的としていたオリンピック・パラリンピックへの協力要請は、まったくないか立ち話程度だった実態を告発しました。美術館調査の場合は、少人数では困難なため、議員みんなでそれぞれ二カ所程度の美術館を分担し、

舛添知事の海外出張の実態を記者会見で発表。

いっせいに電話で聞き取り調査を行いました。

論戦では、代表質問（二〇一六年六月七日）で和泉なおみ都議が、海外出張、公用車使用、講演料の私物化、さらにホテル宿泊料の扱い問題など全面的に追及。一般質問（同年六月八日）では大島よしえ都議が、情報開示で入手した明細のないホテルの領収書を示し、かつ宿泊したホテルに直接問い合わせた結果、領収書には明細がついていることを示して追及。さらに新しい問題として、公用車に家族を乗せた疑惑もただしました。そして総務委員会の質問に立った曽根はじめ都議は、舛添知事が宿泊したホテルに実際に泊まり、受け取った領収書をかざし、明細部分を切り離した疑惑を追及。知事を追い詰める決定打になりました。また、曽根質問では、ホテルに訪問したという出版社社長の交通手段、その費用負担、服装などについて質問し、舛添氏が「記憶にない」「覚えていない」と答弁せざるをえなかったことも、疑惑をいっそう深めました。都民からは、共産党の追及は「コロンボ（テレビドラマの刑事）のごとく切れ味鋭く頼もしかった」など激励と感謝のメールが寄せられました。

3 都民からの声が示すもの

都民は舛添知事の何に怒り、なぜ辞任を求めたのか、これは都政のあり方、知事のあり方を考えるうえでも、重要な問題だと思います。私は、日本共産党に寄せられたメールをすべて読み、記録して整理しましたが、そこから都民の主権者としての意識の高揚を感じることができました。その一部を紹介します。

◆都民が自らの生活の大変さを訴え、舛添氏の税金浪費に怒る

・汗水たらして働いた微々たるお金で納めた税金を湯水の如く使われた都民が怒らないでいられませんし、今後都政を傲慢で愚かなセコイ舛添に任せることは断じて許さない。

・こんなに無駄遣いできるほど、都の予算が余っているなら、健康保険料の値下げなど、福祉の充実に使えるはずです。

・私たち都民は贅沢せず、外食だって一人千円、せいぜい二千円くらいですし、旅行など何年もしていないのに、その私たちが少ない給料から納めた税金で家族で贅沢をしているのは絶

対に許せません。辞めてほしい。

◆怒りだけでなく百条委員会など徹底追及を具体的に提案

・百条委員会を開催していただいて、舛添の嘘を問いただして辞任に追い込んでください。テレビを見ていて非常に怒りがこみ上げてきました。

・都民の声に耳を傾け、説明責任を果たすのが都議会の使命であるならば、百条委員会を開くのが筋です。筋を通すのが正義であると、私は考えます。

・舛添要一都知事不信任決議をぜひ可決してください。共産党さんの力を信じます。

・都内の駅前でリコール署名とカンパ、リコール署名ボランティアを募ってください。私は葛西駅でも西葛西駅でもボランティアできます。

◆日本共産党への評価、激励

・六十八歳になる東京在住の者です。これまで申し訳ありませんが、共産党の候補者に票を投じたことはありませんでした。今回の舛添不正事件に対し、毅然と対応し、庶民感覚・目線で活動しているのは共産党だけとの思いを強くいたしました。これまでアレルギーをもっていた同世代の友人・知人も今般の貴党の姿を知り、私と同じ思いを口にしております。

・舛添知事への自民党のなあなあ追及後の曽根議員はコロンボのごとく切れ味鋭く頼もしかっ

た。…百条委員会による疑惑の解明に期待しています。

・申し訳ありませんが、今まで選挙は必ず自民党支持し投票してきました。しかし今回の知事問題で日本共産党の行動は圧巻でした。…これからは日本共産党を支持し応援して行きたいと思います、あっぱれ。

以上、都民（国民）のみなさんから寄せられた声を紹介しましたが、明らかに自らの生活に根差した税金浪費への怒りであり、しかも怒るだけでなく、百条委員会での追及や不信任決議を提案するなど、都民が積極的、能動的対応をとったことは、舛添問題を通じて都民の主権者としての自覚の高揚を感じました。こうした都民世論の高揚は、都民のための都政をつくる貴重な一歩だと思います。

さらに、この取り組みを通じて、自民党支持の人からも日本共産党を評価し、支持するとの表明が多く寄せられたことは、大変激励されました。どんな問題でも都民の立場でただすべきはただし、積極的に提案する努力を貫くなら、多くの都民の支持を得られることを確信させられました。

4 小池知事の誕生と対応

舛添知事辞任のあと、小池百合子知事が誕生しました。その背景には、小池氏が舛添氏への都民の怒りを取り込み、知事選公約で都政の透明化や情報公開、五輪関連予算の適正化、豊洲移転は立ち止まる、知事報酬の削減などを掲げるとともに、保育園の待機児ゼロ、給付型奨学金の拡充などの都民要求を積極的に掲げたことがあったと思います。

したがって日本共産党都議団は、小池氏が自らの右翼的主張を都議会に持ち込もうとするなら厳しく対決するが、そうでないなら是々非々の立場で対応し、都民の世論と運動を反映した待機児ゼロなどの積極的公約の実現を迫るスタンスをとりました。それも、知事の提案を待つのでなく、知事選後初の本会議である二〇一六年九月の第三回定例会を待つことなく、豊洲移転問題でも、五輪問題でも、そして待機児解消でも知事に対し積極的な提案を行い、都政を一歩でも前に動かす立場で努力してきました。また豊洲問題で、日本共産党都議団が本来あるべき盛土がないことを発見、公表したことは、「立ち止まる」ことを表明した小池知事に大きなインパクトを与えたと思います。

また小池知事が、舛添前知事の策定した外環道などの推進を盛り込んだ「長期ビジョン」を評価する態度に対しては、真に都民要求を実現しようとするならこうした自民党路線の転換が求められることを指摘するとともに、外環道や特定整備路線などの問題点を詳細に情報提供し、再検討を求めました。

小池知事は日本共産党の積極的で道理ある提案を受け止め、待機児童解消のための整備目標の引き上げ、保育士給与の引き上げ支援、都立高校生への給付型奨学金の創設などを二〇一七年度予算に盛り込みました。よって、日本共産党都議団は予算に賛成するという態度をとりました。二〇一七年七月の都議選後、小池氏は豊洲移転を推進するなど、都民への公約を投げ捨て、都民を裏切る態度をとりましたが、都民の立場にたって知事に公約実現を迫った日本共産党の態度は、的確であったと確信します。

他方、公約を裏切った知事に対しては、二〇一七年十月の総選挙での結果が示すように、都民から厳しい批判が示されました。これは、知事選、都議選で示されたのは単に小池氏への支持、小池人気ではなく、あくまでも、都民要望実現への期待であり、公約を裏切るならば厳しい結果となることを示すものです。

私は、現在の日本共産党都議団の活動には直接関与する立場ではありませんが、日本共産党都議団は、引き続き都民の立場を貫き、都民要求実現のために努力すると確信しています。

最後に、二〇一七年の都議選で退任した私を含む小竹ひろ子、植木こうじ、松村友昭、かち佳代子、大島よしえの六名の前都議は、退任後の七月二十五日、四年間積み立てていた費用弁償千十七万四千円を東京都に福祉保健事業のためとして指定寄付しました。この寄付金目録は小池知事が直接受け取りましたが、その際、小池知事が私たちに述べた発言を紹介します。

「まず長年の議員活動本当にご苦労様でございました。共産党のみなさんのデータや分析などに基づくさまざまなご提言、私も一年間拝聴させていただいて、ご質問を受けさせていただいて、大変ご活躍しておられること、議会をピリッとして大変威力のあるところを私も知事として拝見させていただきました。これから東京も大きく変わらなければなりません。それから高齢化どころじゃなくて、超高齢社会に入っていきます。今日お預かりした皆様方の大切なお金は、その目的を指定していただきお預かりしたうえで取り次がせていただきますので、承知いたしました」。

あとがき

私が五期二十年都議会議員を務め、こうした論戦を記録として発表することができたのは、何よりも杉並の日本共産党と後援会、そして区民のみなさんのあたたかな支援があったことが土台であり、心からお礼を申し上げます。また、論戦という点では、都議団事務局のみなさんの援助が大きな力でした。日本共産党東京都委員会の副委員長を務め、都議団の論戦を援助した鈴木郁雄さん、都議団で長く事務局長を務めた広井孝一郎さんにも大変お世話になりました。

また、この機会に記しておきたいことは、都議会議員として調査、論戦する基礎は、故日本共産党副委員長・参議院議員上田耕一郎さんの秘書として仕事をすることで培うことができたことです。上田さんが質問のために資料を徹底して読みこなす、関係者の発言は一言ものがさないよう書き取る努力を私は見てきました。そして、私は東京の地元秘書で国会秘書ではありませんでしたが、関心をもったことは遠慮せずにやりなさい、ダメでもいいからと激励してくれました。リクルート事件、佐川急便事件などの調査・追及の仕事を一緒に取り組ませていただきました。上田さんが平凡社から出版した『国会議員』（一九九九年）には、リクルート問題で当時の宮澤喜一蔵相を辞任に追い込んだときの私の調査活動も紹介してくださいました。美術大学を卒業しながら絵を描くことをあきらめていた私に対し、「描きなさい」と励ましてくれたのも上田さんでした。私が都議になってからは、『しんぶん赤旗』に私の記事が出るのを楽しみにしていると手紙に書いてくださいました。

私は金沢美術工芸大学美術科（油画専攻）を卒業しましたが、絵や教員の道ではなく、卒業とともに日本民主青年同盟の本部に勤務し、その後日本共産党東京都委員会の勤務員となり、上田耕一郎さんの秘書として活動してきました。いわば民青と日本共産党の専従生活を四十五年間続けてきました。この間、許されないことですが、子育て、家庭のことは顧みず、妻に負担をかけてきました。妻は

「あなたはいいわね、いつも好きなことをやって」と言いながら、彼女の意に反して私を支えてくれました。そう言いながら、私はいまも「好きなこと」をしていますが、心から感謝しています。

最後に、出版にあたり、光陽出版社の遠藤修さんには、画集『ふるさとへの道』の出版に続きお世話になり、出版にこぎつけることができました。心よりお礼を申し上げます。

吉田信夫

二〇一八年三月

吉田信夫（よしだ・のぶお）

1949年、新潟県柏崎市生まれ。県立柏崎高校、金沢市立金沢美術工芸大学美術科・油画専攻卒。学生時代に日本共産党に入党。'72年、日本民主青年同盟中央委員会に勤務、副委員長など歴任。'84年、上田耕一郎参議院議員秘書。'97年、東京都議会議員選挙で初当選。都議会厚生委員、総務委員、警察・消防委員など歴任。党都議団では幹事長、団長を務める。2017年7月、都議退任。

都政 徹底した告発と提案
都議20年 論戦の記録

2018年5月1日　初版発行

著　者　吉田信夫
発行者　明石康徳
発行所　光陽出版社
〒162-0818 東京都新宿区築地町8番地
TEL 03-3268-7899　FAX 03-3235-0710
印刷所　株式会社光陽メディア

ISBN978-4-87662-611-3 C0031